संभोग से समाधि की ओर 3

नारी और क्रांति

ओशो

संपादन : स्वामी नरेन्द्र बोधिसत्व
स्वामी चैतन्य कीर्ति

ISBN : 81-7182-423-4

प्रकाशक : डायमंड पॉकेट बुक्स (प्रा.) लि.
X-30, ओखला इंडस्ट्रियल एरिया, फेज-II
नई दिल्ली-110020
फोन : 011-41611861
फैक्स : 011-41611866
ई-मेल : sales@dpb.in
वेबसाइट : www.dpb.in

मुद्रक :

NARI AUR KRANTI
by : Osho

अनुक्रम

— ओशो

ओशो का परिचय नहीं दिया जा सकता; फिर भी भाव होता है कि कुछ कहा जाए उनके विषय में। कहा भी क्या जाए, गीत फूटते हैं उनके लिए, ऐसे हैं वे।

असमर्थ हैं हम कुछ भी कहने में, लेकिन बिना कहे भी कैसे रहा जा सकता है। उनमें प्रतिपल ऐसा कुछ घट रहा है, जो आंदोलन करता है, स्पंदित करता है। पाते हैं कि हम कुछ कह रहे हैं—नृत्य से, पुलक से, थिरक से; कह रहे हैं, निमंत्रण दे रहे हैं कि आओ इस महोत्सव में सम्मिलित हो जाओ।

वे इस पृथ्वी पर हम मनुष्यों जैसे मनुष्य ही हैं—आकार-आकृति में। फिर भी उनमें किसी ऐसी परा सत्ता के दर्शन होते हैं जिससे हमारी आंखें चुंधिया जाती हैं। उनके रोएं-रोएं से कोई संगीत फूटता है कि उसको केवल संगीत कह देने से ही अभिव्यक्ति पूरी नहीं हो जाती।

जनसंख्या विस्फोट

पृथ्वी के नीचे दबे हुए, पहाड़ों की कंदराओं में छिपे हुए, समुद्र की सतह में खोजे गए बहुत-से ऐसे पशुओं के अस्थिपंजर मिले हैं, जिनका अब कोई निशान शेष नहीं रह गया। वे कभी थे। आज से दस लाख साल पहले पृथ्वी बहुत-से सरीसृप प्राणियों से भरी हुई थी। लेकिन, आज हमारे घर में छिपकली के अतिरिक्त उनका कोई प्रतिनिधि नहीं है। छिपकली भी बहुत छोटा प्रतिनिधि है। दस लाख साल पहले उसके पूर्वज हाथियों से भी पांच गुने बड़े थे। वे सब कहां खो गए, इतने शक्तिशाली पशु पृथ्वी से कैसे विलुप्त हो गए? किसी ने उन पर हमला किया? किसी ने उन पर एटमबम, हाइड्रोजन बम गिराए? नहीं, उनके खत्म होने की अद्भुत कथा है।

उन्होंने कभी सोचा भी न होगा कि वे खत्म हो जाएंगे। वे खत्म हो गए, अपनी संतति के बढ़ जाने के कारण। वे इतने बढ़ गए कि पृथ्वी पर जीना उनके लिए असंभव हो गया। भोजन कम हुआ, पानी कम हुआ, 'लिव्हिंग स्पेस' कम हुआ, जीने के लिए जितनी जगह चाहिए, वह कम हो गयी। उन पशुओं को बिल्कुल आमूल नष्ट हो जाना पड़ा।

ऐसी दुर्घटना आज तक मनुष्य-जाति के जीवन में नहीं आयी है, लेकिन भविष्य में आ सकती है। आज तक नहीं आयी, उसका कारण यह था कि

प्रकृति ने निरंतर मृत्यु को और जन्म को संतुलित रखा था। बुद्ध के जमाने में दस आदमी पैदा होते थे, तो सात या आठ जन्म के बाद मर जाते थे। दुनिया की आबादी कभी इतनी नहीं बढ़ी थी की कमी पड़ जाए, खाने की कमी पड़ जाए। विज्ञान और आदमी की निरंतर खोज ने और मृत्यु से लड़ाई लेने की होड़ ने यह स्थिति पैदा कर दी है कि आज दस बच्चे पैदा होते हैं, तो उनमें से मुश्किल से एक बच्चा मर पाता है।

स्थिति बिल्कुल उल्टी हो गयी है। उम्र भी लम्बी हुई। आज रूस में डेढ़ सौ वर्ष की उम्र के भी हजारों लोग हैं। औसत उम्र अस्सी और बयासी वर्ष तक कुछ मुल्कों में पहुंच गयी है। स्वाभाविक परिणाम जो होना था, वह हुआ कि जन्म की दर पुरानी रही, किंतु मृत्यु की दर हमने कम कर दी। अकाल होते थे, किंतु अकाल में मरना हमने बंद कर दिया। महामारियां आती थीं, प्लेग होता था, मलेरिया होता था, हैजा होता था, वे सब हमने बंद कर दिए। हमने मृत्यु के बहुत-से द्वार रोक दिए और जन्म के सब द्वार खुले छोड़ दिए। मृत्यु और जन्म के बीच जो संतुलन था, वह विलुप्त हो गया।

1945 में हिरोशिमा व नागासाकी में एटम बम गिरे, उनसे एक लाख आदमी मरे। इस समय लोगों को खतरा है कि एटम बम बनते चले गए, तो सारी दुनिया नष्ट हो जाएगी। लेकिन, आज जो लोग समझते हैं, वे कहते हैं कि दुनिया के नष्ट होने की संभावना एटम बम से बहुत कम है, दुनिया के नष्ट होने की नयी संभावना है, वह है—लोगों के पैदा होने से! एक एटम बम गिराकर हिरोशिमा में एक लाख आदमी हमने मारे, लेकिन हम प्रतिदिन डेढ़ लाख आदमी सारी दुनिया में बढ़ा लेते हैं।

एक हिरोशिमा क्या, दो हिरोशिमा रोज हम पैदा कर लेते हैं! दो लाख आदमी प्रतिदिन बढ़ जाते हैं।

इसका डर है कि यदि इसी तरह संख्या बढ़ती चली गयी, तो इस सदी के पूरा होते-होते हिलने के लिए भी जगह शेष न रह जाएगी और तब सभाएं करने की जरूरत नहीं रह जाएगी; क्योंकि तब हम लोग चौबीस घंटे सभाओं में होंगे। आदमी को न्यूयार्क और बंबई में चौबीसों घंटे हिलने की फुरसत

नहीं है । उसे सुविधा नहीं है, अवकाश नहीं है ।

इस समय सबसे बड़ी चिंता, जो मनुष्य जाति के हित के संबंध में सोचते हैं, उन लोगों के समक्ष अति तीव्र हो जाना सुनिश्चित है कि यदि हमने मृत्यु-दर को रोक दिया और जन्म-दर को पुराने रास्ते से चलने दिया, तो बहुत डर है कि पृथ्वी हमारी संख्या से ही डूब जाए और नष्ट हो जाए । हम इतने ज्यादा हो गए हैं कि जीना असंभव हो गया है । इसलिए जो भी विचारशील हैं, वे यही कहेंगे कि जिस भांति हमने मृत्यु-दर को रोका है, उसी भांति जन्म-दर को भी रोकना बहुत महत्त्वपूर्ण है ।

पहली बात तो यह ध्यान में रख लेनी है कि जीवन एक अवकाश चाहता है । जंगल में जानवर मुक्त हैं, मीलों के घेरे में घूमता है, दौड़ता है । उसे कटघरे में बंद कर दें, तो उसका विक्षिप्त होना शुरू हो जाता है । बंदर भी मीलों नाचा करते हैं । पचास बंदरों को एक मकान में बंद कर दें, तो उनका पागल होना शुरू हो जाएगा । प्रत्येक बंदर को एक 'लिव्हिंग स्पेस,' खुली जगह चाहिए, जहां वह जी सके ।

अब लंदन, मास्को, न्यूयार्क या वाशिंगटन में 'लिव्हिंग स्पेस' खो गयी है । छोटे-छोटे कटघरों में आदमी बंद है । एक-एक घर में, एक-एक कमरे में दस-दस, बारह-बारह लोग बंद हैं । वहां वे पैदा होते हैं, वहीं मरते हैं, वहीं वे भोजन करते हैं, वहीं बीमार पड़ते हैं । एक-एक कमरे में दस-दस, बारह-बारह, पंद्रह-पंद्रह लोग बंद हैं । अगर वे विक्षिप्त हो जाएं, तो कोई आश्चर्य नहीं । अगर वे पागल हो जाए तो कोई आश्चर्य नहीं । वे पागल होंगे ही । वे पागल नहीं हो रहे हैं, यही आश्चर्य है । इतने कम पागल हो पा रहे हैं, यही आश्चर्य है ।

मनुष्य को खुला स्थान चाहिए जीने के लिए, लेकिन संख्या जब ज्यादा हो जाए, तो यह बुराई हमें खयाल में नहीं आती । जब आप एक कमरे में होते हैं, तब आप एक मुक्ति अनुभव करते हैं । दस लोग आकर कमरे में सिर्फ बैठ जाएं, कुछ न करें, तो भी आपके मस्तिष्क में एक अनजाना भार बढ़ना शुरू हो जाता है । मनोवैज्ञानिक कहते हैं कि चारों तरफ बढ़ती हुई भीड़ का

प्रत्येक व्यक्ति के मन पर एक अनजाना भार है। आप रास्ते पर चल रहे हैं, अकेले, कोई भी उस रास्ते पर नहीं है। तब आप दूसरे ढंग के आदमी होते हैं, और फिर उस रास्ते पर दो आदमी बगल की गली से निकलकर आ जाते हैं। तो आप दूसरे ढंग के आदमी हो जाते हैं। उनकी मौजूदगी आपके भीतर कोई तनाव पैदा कर देती है।

आप अपने बाथरूम में होते हैं, तब आपने खयाल किया है कि आप वही आदमी नहीं होते, जो बैठक घर में होते हैं। बाथरूम में आप बिल्कुल दूसरे आदमी होते हैं। बूढ़ा भी बाथरूम में बच्चे जैसा उन्मुक्त हो जाता है। बूढ़े भी बाथरूम के आइने में बच्चे जैसी जीभ दिखाते हैं, मुंह चिढ़ाते हैं, नाच भी लेते हैं। लेकिन, अगर उन्हें पता चल जाए कि किसी छेद में से कोई झांक रहा है, तो फिर वे एकदम बूढ़े हो जाएंगे, उनका बचपना खो जाएगा। फिर वे सख्त और मजबूत होकर बदल जाएंगे।

हमें कुछ क्षण चाहिए, जब हम बिल्कुल अकेले हो सकें।

मनुष्य की आत्मा के जो श्रेष्ठतम फूल हैं, वे एकांत और अकेले में ही खिलते हैं।

काव्य, संगीत अथवा परमात्मा की प्रतिध्वनि, सब एकांत और अकेले में ही मिलती हैं।

आज तक जगत में भीड़-भाड़ में कोई श्रेष्ठ काम नहीं हुआ, भीड़ ने अब तक कोई श्रेष्ठ काम किया ही नहीं।

जो भी जगत में श्रेष्ठ है—कविता, चित्र, संगीत, परमात्मा, प्रार्थना, प्रेम—वे सब एकांत में और अकेले में ही फूले हैं।

लेकिन, वे सब फूल शेष न रह जाएंगे। मुर्झा जाएंगे, मुर्झा ही रहे हैं। वे सब मिट जाएंगे। सब लुप्त हो जाएंगे, क्योंकि आदमी श्रेष्ठ से रिक्त हो जाएगा।

भीड़ चारों तरफ से अनजान दबाव डाले हुए है। सब तरफ आदमी ही आदमी हैं। बड़े मजे की बात यह है कि आदमी जितने बढ़ते हैं, व्यक्तित्व उतना ही कम हो जाता है। भीड़ में कोई आदमी इंडीवीजुअल नहीं होता,

व्यक्ति नहीं होता ।

भीड़ में निजता मिट जाती है, इंडिवीजुअलटी मिट जाती है ।

स्वयं का बोध कम हो जाता है, आप अकेले नहीं, मात्र भीड़ के अंग होते हैं । इसलिए भीड़ बुरे काम कर सकती है । अकेला आदमी इतने बुरे काम नहीं कर पाता ।

अगर किसी मस्जिद को जलाना हो, तो अकेला आदमी उसे नहीं जला सकता, चाहे वह कितना ही पक्का हिंदू क्यों न हो । अगर किसी मंदिर में राम की मूर्ति तोड़नी हो, तो अकेला मुसलमान नहीं तोड़ सकता, चाहे वह कितना ही पक्का मुसलमान क्यों न हो, उसके लिए भीड़ चाहिए । अगर बच्चो की हत्या करनी हो, स्त्रियों के साथ बलात्कार करना हो और जिंदा आदमियों में आग लगानी हो, तो अकेला आदमी बहुत कठिनाई अनुभव करता है, लेकिन भीड़ एकदम सरलता से करवा लेती है । क्यों ?

क्योंकि, भीड़ में कोई व्यक्ति नहीं रह जाता और जब व्यक्ति नहीं रह जाता, तो दायित्व, रिस्पांसबिलिटी, भी विदा हो जाती है । तब हम कह सकते हैं कि हमने नहीं किया, आप भी भीड़ में सम्मिलित थे ।

कभी आपने देखा कि भीड़ तेजी से चल रही हो, नारे लगा रही हो, तो आप भी नारे लगाने लगते हैं और आप भी तेजी से चलने लगते हैं । तेजी से चलती भीड़ में आपके पैर भी तेज हो जाते हैं । नाग लगाती भीड़ में आपका नारा भी लगने लगता है ।

एडोल्फ हिटलर ने अपनी आत्मकथा में लिखा है कि शुरू-शुरू में मेरे पास बहुत थोड़े लोग थे, दस-पंद्रह लोग थे । लेकिन, दस-पंद्रह लोगों से हिटलर, कैसे हुकूमत पर पहुंचा, यह अजीब कथा है । हिटलर ने लिखा है कि मैं अपने दस-पंद्रह लोगों को ही लेकर सभा में पहुंचता था । उन पंद्रह लोगों को अलग-अलग कोनों पर खड़ा कर देता था और जब मैं बोलता था, तो उन पंद्रह लोगों को पता था कि कब ताली बजानी है । वे पंद्रह लोग ताली बजाते थे और बाकी भीड़ भी उनके साथ हो जाती थी ! बाकी भीड़ भी ताली बजाती थी ।

कभी आपने खयाल किया है कि जब आप भीड़ में ताली बजाते हैं, तो आप नहीं बजाते, भीड़ बजवा लेती है आपसे । जब आप भीड़ में हंसते हैं, तो भीड़ ही आपको हंसा देती है । भीड़ संक्रामक है, वह कुछ भी करवा लेती है । क्योंकि, वह व्यक्ति को मिटा देती है, वह व्यक्ति की आत्मा को, जो उसका अपना होता है, उसे पोंछ डालती है ।

अगर पृथ्वी पर भीड़ बढ़ती गयी, तो व्यक्ति विदा हो जाएंगे, भीड़ रह जाएगी । व्यक्तित्व क्षीण हो जाएगा, खत्म हो जाएगा, मिट जाएगा । यह भी सवाल नहीं कि पृथ्वी आगे इतने जीवों को पालने में असमर्थ होगी ? अगर हमने सब उपाय भी कर लिए, समुद्र से भोजन निकाल लिया, निकाल भी सकेंगे, क्योंकि मजबूरी होगी, कोई उपाय सोचना पड़ेगा । समुद्र से भोजन निकल सकेगा । हो सकता है, हवा से भी खाना निकाला जा सके, और यह भी हो सकता है कि मिट्टी से भी हम भोजन ग्रहण कर सकें । यह सब हो सकता है । सिर्फ गोलियां खाकर भी आदमी जिंदा रह सकता है । भीड़ बढ़ती गई, तो भोजन का कोई हल तो हम कर लेंगे, लेकिन आत्मा का हल नहीं हो सकेगा ।

इसलिए मेरे सामने परिवार नियोजन केवल आर्थिक मामला नहीं है, बहुत गहरे अर्थों में धार्मिक मामला है ।

भोजन तो जुटाया जा सकेगा, उसमें बहुत कठिनाई नहीं है । भोजन की कठिनाई अगर लोग समझते हैं, तो बिल्कुल गलत समझते हैं । अभी समुद्र भरे पड़े हैं । अभी समुद्रों में बहुत भोजन है । वैज्ञानिक प्रयोग यह कह रहे हैं कि समुद्रों के पानी से बहुत भोजन निकाला जा सकता है । आखिर मछली भी तो समुद्र से भोजन ले रही है । लाखों तरह के जानवर समुद्र से, पानी से भोजन ले रहे हैं ।हम भी पानी से भोजन निकाल सकते हैं । हम मछली को खा लेते हैं, तो हमारा भोजन बन जाता है । और मछली ने जो भोजन लिया है, वह पानी से लिया । अगर हम एक ऐसी मशीन बना सकें, जो मछली का काम कर सके, तो हम पानी से सीधा भोजन पैदा कर लेंगे । आखिर मछली भी एक मशीन का काम करती है ।

गाय घास खाती है, हम गाय का दूध पी लेते हैं। हम सीधा घास खाएं तो मुश्किल होगी, बीच में मध्यस्थ गाय चाहिए। गाय घास को इस हालात में बदल देती है कि हमारे भोजन के योग्य हो जाए। आज नहीं तो कल, हम मशीन की गाय भी बना लेंगे, जो घास को इस हालत में बदल दे कि हम उसको खा लें। तब दूध जल्दी ही बन सकेगा। जब व्हेजिटेबल घी बन सकता है, तो व्हेजिटेबल दूध क्यों नहीं बन सकता ? कोई कठिनाई नहीं है। भोजन का मसला तो हल हो जाएगा। लेकिन असली सवाल भोजन का नहीं है। असली सवाल ज्यादा गहरे हैं।

अगर आदमी की भीड़ बढ़ती जाती है, तो पृथ्वी कीड़े-मकोड़े की तरह आदमियों से भर जाएगी। इससे आदमी की आत्मा खो जाएगी। और उस आत्मा को देने का विज्ञान के पास कोई उपाय नहीं है। आत्मा खो ही जाएगी। और अगर भीड़ बढ़ती चली जाती है, तो एक-एक व्यक्ति पर चारों तरफ से बहुत अनजाना दबाव पड़ेगा। हमें अनजाने दबाव कभी दिखाई नहीं पड़ते।

आप जमीन पर चलते हैं, आपने कभी सोचा कि जमीन का ग्रेव्हिटेशन, गुरुत्वाकर्षण आपको खींच रहा है। हम बचपन से ही इसके आदी हो गए हैं, इससे हमें पता नहीं चलता, लेकिन जमीन का बहुत बड़ा आकर्षण हमें पूरे वक्त खींचे हुए है। अभी चांद पर जो यात्री गए हैं, उन्हें पता चला कि जमीन उन्हें लौटकर वैसी नहीं लगी, जैसी पहले लगती थी। चांद पर वे यात्री साठ फीट छलांग भी लगा सकते हैं, क्योंकि चांद की पकड़ बहुत कम है। चांद बहुत नहीं खींचता, जमीन बहुत जोर से खींच रही है। हवाएं चारों तरफ से दबाव डाले हुए हैं, लेकिन उनका हमें पता नहीं चलता; क्योंकि हम उसके आदी हो गए हैं।

और बहुत-से अनजाने मानसिक दबाव भी हैं। गुरुत्वाकर्षण तो भौतिक दबाव है, लेकिन चारों तरफ से लोगो की मौजूदगी भी हमको दबा रही है, वे भी हमें भीतर की तरफ प्रेस कर रहे हैं। सिर्फ उनकी मौजूदगी भी हमें परेशान किए हुए है। अगर यह भीड़ बढ़ती चली जाती है, तो एक सीमा पर पूरी

मनुष्यता के 'न्यूरोटिक', विक्षिप्त हो जाने का डर है।

सच तो यह है कि आधुनिक मनोविज्ञान यह कहता है कि जो लोग पागल हुए जा रहे हैं, उन पागल होने वालों में नब्बे प्रतिशत पागल ऐसे हैं, जो भीड़ के दबाव को नहीं सह पा रहे हैं। दबाव चारों तरफ से बढ़ता चला जा रहा है, और भीतर दबाव को सहना मुश्किल हुआ जा रहा है, उनके मस्तिष्क की नसें फटी जा रही हैं। इसलिए, बहुत गहरे में सवाल सिर्फ मनुष्य के शारीरिक बचाव, फिजिकल सरवाइवल का ही नहीं है, उसके आत्मिक बचाव का भी है।

जो लोग यह कहते हैं कि संतति नियमन जैसी चीजें अधार्मिक हैं, उन्हें धर्म का कोई पता नहीं है, क्योंकि धर्म का पहला सूत्र है कि व्यक्ति को व्यक्तित्व मिलना चाहिए और व्यक्ति के पास एक आत्मा होनी चाहिए। व्यक्ति भीड़ का हिस्सा न रह जाए।

लेकिन जितनी भीड़ बढ़ेगी, उतना ही हम व्यक्तियों की फिक्र करने में असमर्थ हो जाएंगे। जितनी भीड़ ज्यादा हो जाएगी, उतनी हमें भीड़ की फिक्र नहीं करनी पड़ेगी। जितनी भीड़ बढ़ जाएगी, उतनी ही हमें पूरे के पूरे जगत की इकट्ठी फिक्र करनी पड़ेगी। फिर यह सवाल नहीं होगा कि आपको कौन-सा भोजन प्रीतिकर है, और कौन-से कपड़े प्रीतिकर हैं और कैसे मकान प्रीतिकर हैं, तब ये सवाल नहीं हैं। कैसा मकान दिया जा सकता है भीड़ को, कैसे कपड़े दिए जा सकते हैं भीड़ को, कैसा भोजन दिया जा सकता है भीड़ को, यह सवाल होगा। तब व्यक्ति का सवाल विदा हो जाता है और भीड़ के एक अंश की तरह आपको भोजन, कपड़ा और अन्य सुविधाएं दी जा सकती हैं।

अभी एक मित्र जापान से लौटे हैं, वे कह रहे थे कि जापान में घरों की कितनी तकलीफ है। भीड़ बढ़ती चली जा रही है। एक नए तरह के पलंग उन्होंने ईजाद किए हैं। आज नहीं कल हमें भी ईजाद करने पड़ेंगे। वे 'मल्टी-स्टोरी' पलंग हैं! रात आप अकेले सो भी नहीं सकते! सब खाटें एक साथ जुड़ी हुई हैं, एक के ऊपर एक! रात में जब आप सोते हैं, तो अपने

नम्बर की खाट पर चढ़कर सो जाते हैं। आप सोने में भी भीड़ के बाहर नहीं रह सकेंगे, क्योंकि भीड़ बढ़ती चली जा रही है, वह रात आपके सोने के कमरे में भी मौजूद हो जाएगी। पर दस आदमी एक ही खाट पर सो रहे हों, तो वह घर कम रह गया, रेलवे कम्पार्टमेंट ज्यादा हो गया। रेलवे कम्पार्टमेंट में भी अभी 'टेन-टायर' नहीं हैं। लेकिन दस में भी मामला हल नहीं हो जाएगा।

अगर यह भीड़ बढ़ती जाती है तो वह सब तरफ व्यक्ति का 'एन्क्रोचमेंट' करेगी, वह व्यक्ति को सब तरफ से घेरेगी, सब तरफ से बंद करेगी। और हमें ऐसा कुछ करना पड़ेगा कि व्यक्ति धीरे-धीरे खोता ही चला जाए, उसकी चिंता ही बंद कर देनी पड़े।

मेरी दृष्टि में मनुष्य की संख्या की विस्फोट, जनसंख्या का विस्फोट बहुत गहरे अर्थों में धार्मिक सवाल है, सिर्फ भोजन का आर्थिक सवाल नहीं है।

दूसरी बात ध्यान देने और सोचने की है कि आदमी ने अब तक जो जीवन व्यवस्था की थी, सामाजिक व्यवस्था की थी, उनकी सारी परिस्थितियां अब बदल गयी हैं। अब कोई परिस्थिति वही नहीं रह गयी है, जो आज से पांच हजार साल पहले मनु के जमाने में थी।

जब परिस्थितियां बदल जाती हैं, तब पुराने नियम विदा हो जाते हैं।

लेकिन, आज भी घर में एक बच्चा पैदा होता है, तो हम बैंडबाजा बजवाते हैं! शोरगुल करते हैं, प्रसाद बांटते हैं! पांच हजार साल पहले बिल्कुल ऐसी ही बात थी, क्योंकि पांच हजार साल पहले दस बच्चे पैदा होते थे, तो सात और आठ मर जाते थे और उस समय एक बच्चे का पैदा होना बड़ी घटना थी। समाज के लिए उसकी बड़ी जरूरत थी। क्योंकि समाज में बहुत थोड़े लोग थे। लोग ज्यादा होना चाहिए, नहीं तो पड़ोसी शत्रु के हमले में जीतना मुश्किल हो जाएगा। एक व्यक्ति का बढ़ जाना बड़ी ताकत थी, क्योंकि व्यक्ति ही अकेली ताकत था। व्यक्ति से लड़ना था। पास के कबीले से हारना संभव हो जाता, अगर संखया कम हो जाती। तब संख्या को बढ़ाने की कोशिश करना जरूरी था। संख्या जितनी बढ़ जाए, उतना कबीला मजबूत हो जाता था। इसलिए संख्या का बड़ा महत्त्व था।

लोग कहते थे कि हम इतने करोड़ हैं। उसमें बड़ी अकड़ थी, उसमें बड़ा अहंकार था। लेकिन वक्त बदल गया, हालतें बिल्कुल उल्टी हो गयी हैं। नियम पुराना चल रहा है, हालतें बिल्कुल उल्टी हो गयी हैं!

अब जो जितनी ज्यादा संख्या में है, वह उतनी ही जल्दी मरने के उपाय में है। तब तो जितनी ज्यादा संख्या में था, उतनी ज्यादा उसके जीतने की संभावना थी। आज संख्या जितनी ज्यादा होगी, मृत्यु उतनी ही नजदीक हो जाएगी।

आज जनसंख्या का बढ़ना स्यूइसाइडल है, आत्मघाती है।

आज कोई समझदार मुल्क अपनी संख्या नहीं बढ़ा रहा है, बल्कि समझदार मुल्कों में संख्या गिरने तक की संभावना पैदा हो गयी है, जैसे फ्रांस में। फ्रांस की सरकार थोड़ी चिंतित हो गयी है, क्योंकि संख्या कहीं ज्यादा न गिर जाए, यह डर भी पैदा हो गया है। लेकिन, कोई समझदार मुल्क अपनी संख्या नहीं बढ़ा रहा है।

संख्या न बढ़ने के पीछे कई कारण हैं। पहला कारण तो यह है कि यदि जीवन में सुख चाहिए तो न्यूनतम लोग होने चाहिए। अगर दीनता चाहिए, दु:ख चाहिए, गरीबी चाहिए, बीमारी चाहिए, पागलपन चाहिए तो अधिकतम लोग पैदा करना उचित है।

जब एक बाप अपने पांचवें और छठवें बच्चे के बाद भी बच्चे पैदा कर रहा है तो वह बच्चे का बाप नहीं, दुश्मन है। क्योंकि, वह उसे ऐसी दुनिया में धक्का दे रहा है, जहां वह सिर्फ गरीबी ही बांट सकेगा। वह बेटे के प्रति प्रेम जाहिर नहीं कर रहा है। बेटे के प्रति प्रेम जाहिर हो, तो वह सोचेगा कि इस बेटे को मिल क्या सकता है? इसको पैदा करना अब प्रेम नहीं, सिर्फ नासमझी है और दुश्मनी है।

आप दुनिया के समझदार मां-बाप हो सकते हैं, इस बात को सोचकर कि आप कितने बच्चे पैदा करेंगे। आने वाली दुनिया में संख्या दुश्मन हो सकती है। कभी संख्या उसकी मित्र थी, कभी संख्या बढ़ने से सुख बढ़ता था, आज संख्या बढ़ने से दु:ख बढ़ता है। स्थिति बिल्कुल बदल गयी है।

आज जिन लोगों को भी इस जगत में सुख की, मंगल की कामना है, उन्हें यह फिक्र करनी ही पड़ेगी कि संख्या निरंतर कम होती चली जाए।

हम अपने को अभागा बना सकते हैं, हमें उसका कोई भी बोध नहीं, हमें उसका कोई ख्याल नहीं ! 1947 में हिंदुस्तान-पाकिस्तान का बंटवारा हुआ था, तब किसी ने सोचा भी न होगा कि बीस साल में पाकिस्तान में जितने लोग गए थे, हम उससे ज्यादा लोग पैदा कर लेंगे।

हमने एक पाकिस्तान फिर पैदा कर लिया।

1947 में जितनी संख्या पूरे हिंदुस्तान और पाकिस्तान को मिलाकर थी, आज अकेले हिंदुस्तान की उससे ज्यादा है। यह संख्या इतने अनुपात से बढ़ती चली जा रही है !

और फिर दुःख बढ़ रहा है, दरिद्रता बढ़ रही है, दीनता बढ़ रही है, बेकारी बढ़ रही है तो हम परेशान होते हैं। उससे डरते हैं और हम कहते हैं कि बेकारी नहीं चाहिए, बीमारी नहीं चाहिए, हर आदमी को जीवन की सारी सुविधाएं मिलनी चाहिए। और हम यह भी नहीं सोचते कि जो हम कर रहे हैं, उससे हर आदमी को जीवन की सारी सुविधाएं कभी भी नहीं मिल सकतीं। हमारे बेटे बेकार ही रहेंगे। भिखमंगी और गरीबी बढ़ेगी। लेकिन, हमारे धर्म-गुरु समझाते हैं कि यह ईश्वर का विरोध है, संतति नियमन की बात ईश्वर का विरोध है !

तो क्या इसका यह मतलब नहीं हुआ कि ईश्वर चाहता है कि लोग दीन रहें, भीख मांगें, गरीब हों, भूखों मरें, सड़कों पर नंगे घूमें। अगर ईश्वर यही चाहता है, तो ऐसे ईश्वर की चाह को भी इंकार करना पड़ेगा। लेकिन, ईश्वर ऐसा कैसे चाह सकता है ?

हां, धर्म-गुरु जरूर चाह सकते हैं। क्योंकि मजे की बात यह है कि दुनिया में जितना दुःख बढ़ता है, धर्म-गुरुओं की दुकानें उतनी ही ठीक से चलती हैं। दुनिया में सुख की दुकानें नहीं हैं। धर्म की दुकानें दुनिया के दुःख पर निर्भर हैं।

सुखी और आनंदित आदमी धर्म-गुरु की तरफ नहीं जाता। स्वस्थ और

प्रसन्न आदमी धर्म-गुरु की तरफ नहीं जाता ! दुःखी, बीमार और परेशान व्यक्ति धर्म-गुरु की तलाश करता है ।

हां, सुखी और आनंदित आदमी धर्म की खोज कर सकता है, लेकिन धर्म-गुरु की नहीं । सुखी और आनंदित आदमी अपनी तरफ से सीधे परमात्मा की खोज पर जा सकता है, लेकिन किसी का सहारा मांगने नहीं जा सकता ।

दुःखी और परेशान आदमी आत्म-विश्वास खो देता है । वह किसी का सहारा चाहता है । किसी धर्म-गुरु के चरण चाहता है । किसी का हाथ चाहता है और किसी का मार्ग-दर्शन चाहता है ।

दुनिया में जब तक दुःख है, तभी तक धर्प-गुरु टिक सकता है । धर्म तो टिकेगा सुखी हो जाने के बाद भी, लेकिन धर्म-गुरु के टिकने का कोई उपाय नहीं है । इसलिए, धर्म-गुरु चाहेगा कि दुःख खत्म न हो जाएं, दुःख समाप्त न हो जाएं । उनके अजीब-अजीब धंधे हैं ।

मैंने सुना है, एक रात एक होटल में बहुत देर तक कुछ मित्र आकर शराब पीतें रहे, भोजन करते रहे । आधी रात जब वे विदा होने लगे तो मैनेजर ने अपनी पत्नी से कहा कि ऐसे भले प्यारे, दिल-फेंक खर्च करने वाले लोग अगर रोज आएं तो हमारी जिंदगी में आनंद ही आनंद हो जाए । चलते वक्त मैनेजर ने उनसे कहा, "आप जब कभी आया करें । बड़ी कृपा होगी । आप आए, हम बड़े आनंदित हुए ।" जिस आदमी ने पैसे चुकाए थे, उसने कहा, "भगवान से प्रार्थना करना कि हमारा धंधा ठीक चले, हम रोज आते रहेंगे ।" मैनेजर ने पूछा, "लेकिन, आपका धंधा क्या है ?" उसने कहा, "यह मत पूछो, तुम तो सिर्फ प्रार्थना करना कि हमारा धंधा ठीक से चलता रहे ।" फिर भी उसने कहा, कृपाकर बता तो दें कि आपका धंधा क्या है ?

उसने कहा कि मैं मरघट में लकड़ी बेचने का काम करता हूं । हमारा धंधा रोज चलता रहे, तो हम बराबर आते रहेंगे । कभी-कभी ऐसा होता है कि धंधा बिल्कुल नहीं चलता । कोई गांव में मरता ही नहीं, लकड़ी बिल्कुल नहीं बिकती । जिस दिन गांव में ज्यादा लोग मरते हैं, उस दिन लकड़ी ज्यादा

बिकती हैं और हम लोग चले आते हैं।

आपने सुना होगा डाक्टर लोग भी कुछ ऐसा ही कहते हैं, जब मरीज ज्यादा होते हैं, तो कहते हैं, सीजन अच्छा चल रहा है। आश्चर्य की बात है। अगर किन्हीं लोगों का धंधा लोगों के बीमार होने से चलता हो, तो फिर बीमारी मिटना बहुत मुश्किल हो जाएगी।

अभी डाक्टरों को हमने उल्टा काम सौंपा हुआ है कि वह लोगों की बीमारी मिटाए। अतः उनकी भीतरी आकांक्षा यह है कि लोग ज्यादा बीमार हों, क्योंकि उनका व्यवसाय बीमारी पर खड़ा है।

इसलिए रूस ने क्रांति के बाद जो काम किए, उनमें एक काम यह था कि उन्होंने डाक्टर के काम को नेशनलाइज कर दिया। उन्होंने कहा कि डाक्टर का काम व्यक्तिगत निर्धारित करना खतरनाक है, क्योंकि वह ऊपर से बीमार को ठीक करना चाहेगा और भीतर आकांक्षा करेगा कि 'बीमार' बीमार ही बना रहे। कारण, उसका धंधा तो किसी के बीमार रहने से ही चलेगा। इसलिए, उन्होंने डाक्टर का धंधा, प्राइवेट प्रेक्टिस बिल्कुल बंद कर दी। वहां डाक्टर को वेतन मिलता है। बल्कि, उन्होंने एक नया प्रयोग भी किया है। हर डाक्टर को एक क्षेत्र दिया जाता है, उसमें यदि लोग ज्यादा लोग बीमार होते हैं तो उससे एक्सप्लेनेशन मांगा जाता है, 'इस क्षेत्र में ज्यादा लोग बीमार कैसे हुए?' वहां डाक्टर को यह चिंता करनी पड़ती है कि कोई बीमार न पड़े।

चीन में माओ ने आते ही वकील के धंधे को नेशनलाइज कर दिया, क्योंकि वकील का धंधा खतरनाक है। क्योंकि वकील का धंधा कांट्राडिक्टरी है। है तो वह इसलिए कि न्याय उपलब्ध कराए। और उसकी सारी चेष्टा यह रहती है कि उपद्रव हों, चोरियां हों, हत्याएं हों, क्योंकि उसका धंधा इसी पर निर्भर करता है।

धर्म-गुरु का धंधा भी बड़ा विरोधी है। वह चेष्टा करता है कि लोग शांत हों, आनंदित हों, सुखी हों, लेकिन उसका धंधा इस पर निर्भर करता है कि लोग अशांत रहें, दुःखी रहें, बेचैन और परेशान रहें। कारण, अशांत लोग ही

उसके पास यह जानने आते हैं कि हम शांत कैसे रहें ? दु:खी लोग उसके पास आते हैं कि हमारा दु:ख कैसे मिटे ? दीन-दरिद्र उसके पास आते हैं कि हमारी दीनता का अंत कैसे हो ।

धर्म-गुरु का धंधा लोगों के बढ़ते हुए दु:ख पर निर्भर है ।

इसलिए, जब भी दुनिया में दु:ख बढ़ जाता है, तब धर्म-गुरु एकदम प्रभावी हो जाते हैं । अनैतिकता बढ़ जाए तो धर्म-गुरु एकदम प्रभावी हो जाता है, क्योंकि वह नीति का उपदेश देने लगता है ।

धर्म-गुरु सारी बातें ईश्वर पर थोप देता है ।

अब सारी दुनिया के धर्म-गुरुओं ने सब बातें ईश्वर पर थोप दी हैं, और ईश्वर कभी गवाही देने आता नहीं कि उसकी मर्जी क्या है ? वह क्या चाहता है ? उसकी क्या इच्छा है ? इंग्लैंड और जर्मनी में अगर युद्ध हो, तो इंग्लैंड का धर्म-गुरु समझाता है कि ईश्वर की इच्छा है कि इंग्लैंड जीते । और जर्मनी का धर्म-गुरु समझाता है कि ईश्वर की इच्छा है, जर्मनी को जिताना । जर्मनी में उसी भगवान से प्रार्थना की जाती है कि अपने देश को जिताओ और इंग्लैंड में भी पादरी और पुरोहित प्रार्थना करता है कि हे भगवान, अपने देश को जिताओ !

ईश्वर की इच्छा पर हम अपनी इच्छा थोपते रहते हैं ! ईश्वर बेचारा बिल्कुल चुप है । कुछ पता नहीं चलता कि उसकी इच्छा क्या है ? अच्छा हो कि हम ईश्वर पर अपनी इच्छाएं न थोपें । हम इस जीवन को सोचें, समझें और वैज्ञानिक रास्ता निकालें ।

यह भी ध्यान में रखने योग्य है कि जो समाज जितना समृद्ध होता है, वह उतने ही कम बच्चे पैदा करता है । लेकिन दु:खी, दीन, दरिद्र लोग जीवन में किसी अन्य मनोरंजन और सुख की सुविधा न होने से सिर्फ सेक्स में ही सुख लेने लगते हैं, उनके पास और कोई उपाय नहीं रहता ।

एक अगर संगीत भी सुनता है, साहित्य भी पढ़ता है, चित्र भी देखता है, घूमने भी जाता है, पहाड़ की यात्रा भी करता है, उसकी शक्ति बहुत दिशाओं में बह जाती है । एक गरीब आदमी के पास शक्ति बहाने का और कोई उपाय

नहीं रहता । उसके मनोरंजन का कोई और उपाय नहीं रहता, क्योंकि सब मनोरंजन खर्चीले हैं; सिर्फ सेक्स ही ऐसा मनोरंजन है, जो मुफ्त उपलब्ध है । इसलिए गरीब आदमी बच्चे इकट्ठे करता चला जाता है ।

गरीब आदमी इतने अधिक बच्चे इकट्ठे कर लेता है कि गरीबी बढ़ती चली जाती है । गरीब आदमी ज्यादा बच्चे पैदा करता है । गरीब के बच्चे और गरीब होते हैं, वे और बच्चे पैदा करते जाते हैं, और देश और गरीब होता चला जाता है । किसी न किसी तरह गरीब आदमी की इस भ्रामक स्थिति को तोड़ना जरूरी है । इसे तोड़ना ही पड़ेगा, अन्यथा गरीबी का कोई पारावार न रहेगा । गरीबी इतनी बढ़ जाएगी कि जीना असंभव हो जाएगा ।

इस देश में तो गरीबी बढ़ ही गई है, जीना करीब-करीब असंभव हो गया है । कोई मान ही नहीं सकता कि हम जी रहे हैं । अच्छा हो कि कहा जाए कि हम धीरे- धीरे मर रहे हैं ।

जीने का क्या अर्थ ?

जीने का इतना ही अर्थ है कि 'इग्जिस्ट' करते हैं । हम दो रोटी खा लेते हैं, पानी पी लेते हैं और कल तक के लिए जी जाते हैं । लेकिन जीना ठीक अर्थों में तभी उपलब्ध होता है, जब हम 'एफ्ल्युएन्स' को, समृद्धि को उपलब्ध हों ।

जीवन का अर्थ है 'ओवर फ्लोइंग' । जीने का अर्थ है, कोई चीज हमारे ऊपर से बहने लगे ।

एक फूल है, आपने कभी खयाल किया है कि फूल कैसे खिलता है पौधे पर ? अगर पौधे को खाद न मिले, ठीक पानी न मिले, तो पौधा जिंदा रहेगा, लेकिन फूल नहीं खिलेगा । फूल 'ओवर फ्लोइंग' है । जब पौधे में इतनी शक्ति इकट्ठी हो जाती है कि अब पत्तों को, शाखाओं को, जड़ों को कोई आवश्यकता नहीं रह जाती, जब पौधे के पास कुछ अतिरिक्त इकट्ठा हो जाता है, तब फूल खिलता है । फूल जो है, वह अतिरिक्त है, इसलिए फूल सुंदर है । वह अतिरेक है । वह किसी चीज का बहुत हो जाने के बहाव से है ।

जीवन में सभी सौंदर्य अतिरेक हैं । सभी सौंदर्य 'ओवर फ्लोइंग' हैं,

ऊपर से बह जाना है ।

जीवन के सब आनंद भी अतिरेक हैं । जीवन में जो भी श्रेष्ठ है, वह सब ऊपर से बहा हुआ है ।

महावीर और बुद्ध राजाओं के बेटे हैं, कृष्ण और राम भी राजाओं के बेटे हैं ! ये 'ओवर फ्लोइंग' हैं । ये फूल जो खिले हैं, गरीब के घर में नहीं खिल सकते थे । कोई महावीर गरीब के घर में पैदा नहीं होगा, कोई बुद्ध भी गरीब के घर में पैदा नहीं होगा । कोई राम और कोई कृष्ण भी नहीं ।

गरीब के घर में ये फूल नहीं खिल सकते । गरीब सिर्फ जी सकता है, उसका जीना इतना न्यूनतम है कि उससे फूल खिलने का कोई उपाय भी नहीं । गरीब पौधा है, वह किसी तरह जी लेता है, किसी तरह उसके पत्ते भी हो जाते हैं, किसी तरह शाखाएं भी निकल जाती हैं । लेकिन न तो वह पूरी ऊंचाई ग्रहण कर पाता है, न वह सूरज को छू पाता है, न आकाश की तरफ उठ पाता है, न उसमें फूल खिल पाते हैं, क्योंकि फूल तो तभी खिल सकते हैं, जब पौधे के पास जीने से अतिरिक्त शक्ति इकट्ठी हो जाए । जीने से अतिरिक्त जब इकट्ठा होता है, तभी फूल खिलते हैं ।

ताजमहल भी वैसा ही फूल है । वह अतिरेक से निकला हुआ फूल है ।

जगत में जो भी सुंदर है, साहित्य है, काव्य है, वे सब अतिरेक से निकले हुए फूल हैं ।

गरीब की जिंदगी में फूल कैसे खिल सकते हैं ?

लेकिन, हम रोज अपने को गरीब करने का उपाय करते चले जाते हैं ? लेकिन ध्यान रहे, जीवन में जो सबसे बड़ा फूल है परमात्मा का... वह संगीत, साहित्य, काव्य, चित्र और जीवन से छोटे-छोटे आनंद से भी ज्यादा शक्ति जब ऊपर इकट्ठी होती है, तब वह परम फूल खिलता है परमात्मा का ।

लेकिन, गरीब समाज उस फूल के लिए कैसे उपयुक्त बन सकता है ? गरीब समाज रोज दीन होता जाता है, रोज हीन होता चला जाता है । गरीब बाप जब दो बेटे पैदा करता है, तो अपने से दुगुने गरीब पैदा करता जाता है । जब वह अपने चार बेटों में संपत्ति का विभाजन करता है तो उसकी संपत्ति

नहीं बंटती । संपत्ति तो है ही नहीं । बाप ही गरीब था, बाप के पास ही कुछ न था, तो बाप सिर्फ अपनी गरीबी बांट देता है और चौगुने गरीब समाज में, अपने बच्चों को खड़ा कर जाता है ।

हिंदुस्तान सैकड़ों सालों से अमीरी नहीं, सिर्फ गरीबी बांट रहा है ।

हां, धर्म-गुरु सिखाते हैं ब्रह्मचर्य ! वे कहते हैं कि कम बच्चे पैदा करना हो तो ब्रह्मचर्य का पालन करना चाहिए । किंतु, गरीब आदमी के लिए मनोरंजन के सब साधन बंद हैं । और धर्म-गुरु कहते हैं कि वह ब्रह्मचर्य धारण करे ! अर्थात् जीवन में जो कुछ मनोरंजन का साधन उपलब्ध है, उसे भी ब्रह्मचर्य से बंद कर दे ! तब तो गरीब आदमी मर ही गया । वह चित्र देखने जाता है तो रुपया खर्च होता है । किताब पढ़ने जाता है तो रुपया खर्च होता है । संगीत सुनने जाता है तो रुपया खर्च होता है । एक सस्ता और सुलभ साधन था, धर्म-गुरु कहता है कि ब्रह्मचर्य से उसे भी बंद कर दे ! इसीलिए धर्म-गुरु की ब्रह्मचर्य की बात कोई नहीं सुनता, खुद धर्म-गुरु ही नहीं सुनते अपनी बात । यह बकवास बहुत दिनों चल चुकी, उसका कोई लाभ नहीं हुआ । उससे कोई हित भी नहीं हुआ ।

विज्ञान ने ब्रह्मचर्य की जगह एक नया उपाय दिया है, जो सर्वसुलभ हो सकता है । वह है संतति नियमन के कृत्रिम साधन, जिससे व्यक्ति को ब्रह्मचर्य में बंधने की कोई जरूरत नहीं । जीवन के द्वार खुले रह सकते हैं, अपने को सप्रेस, दमित करने की कोई जरूरत नहीं ।

और यह भी ध्यान रहे कि जो व्यक्ति एक बार अपनी यौन प्रवृत्ति को जोर से दबा देता है, वह व्यक्ति सदा के लिए किन्हीं अर्थों में रुग्ण हो जाता है । यौन की वृत्ति से मुक्त हुआ जा सकता है, लेकिन यौन की वृत्ति को दबा कर कोई कभी मुक्त नहीं हो सकता । यौन की वृत्ति से मुक्त हुआ जा सकता है, अगर यौन में निकलने वाली शक्ति किसी और आयाम में, किसी और दिशा में प्रवाहित हो जाए, तो मुक्त हुआ जा सकता है ।

एक वैज्ञानिक मुक्त हो जाता है बिना किसी ब्रह्मचर्य के, बिना राम-राम का पाठ किए, बिना हनुमान चालीसा पढ़े । एक वैज्ञानिक मुक्त हो जाता है,

क्योंकि उसकी सारी शक्ति, सारी ऊर्जा विज्ञान की खोज में लग जाती है। एक चित्रकार भी मुक्त हो सकता है, एक संगीतज्ञ भी मुक्त हो सकता है, एक परमात्मा का खोजी भी मुक्त हो सकता है।

ध्यान रहे, लोग कहते हैं ब्रह्मचर्य जरूरी है, परमात्मा की खोज के लिए। मैं कहता हूं, यह बात गलत है। हां, परमात्मा की खोज पर जाने वाला ब्रह्मचर्य को उपलब्ध हो जाता है। अगर कोई परमात्मा की खोज में पूरी तरह चला जाए, तो उसकी सारी शक्तियां इतनी लीन हो जाती हैं कि उसके पास यौन की दिशा में जाने के लिए न शक्ति का बहाव बचता है और न ही आकांक्षा।

ब्रह्मचर्य से कोई परमात्मा की तरफ नहीं जाता, लेकिन परमात्मा की तरफ जाने वाला ब्रह्मचर्य को उपलब्ध हो जाता है।

लेकिन, अगर हम किसी से कहें कि वह बच्चे रोकने के लिए ब्रह्मचर्य का उपयोग करे, तो यह अव्यावहारिक है।

गांधीजी निरंतर यही कहते रहे, इस मुल्क के और भी महात्मा यही कहते हैं कि ब्रह्मचर्य का उपयोग करो। लेकिन, गांधीजी जैसे महान् आदमी भी ठीक-ठीक अर्थों में ब्रह्मचर्य को कभी उपलब्ध नहीं हुए। वे भी कहते हैं कि मेरे स्वप्न में कामवासना उतर आती है। वे भी कहते हैं कि दिन में तो मैं संयम रख पाता हूं, पर स्वप्नों में सब संयम टूट जाता है। और जीवन के अंतिम दिनों में एक स्त्री बिस्तर पर लेकर, सोकर वे प्रयोग करते थे कि अभी भी कहीं कामवासना शेष तो नहीं रह गयी! सत्तर साल की उम्र में एक युवती को रात में बिस्तर पर लेकर सोते थे, यह जानने के लिए कि कहीं काम-वासना शेष तो नहीं रह गयी। पता नहीं क्या परिणाम हुआ! वे क्या जान पाए! लेकिन, एक बात पक्की है कि उन्हें सत्तर वर्ष की उम्र तक शक रहा होगा कि ब्रह्मचर्य उपलब्ध नहीं हुआ, अन्यथा इस परीक्षा की कोई जरूरत न थी।

ब्रह्मचर्य की बात एकदम अवैज्ञानिक और अव्यावहारिक है। कृत्रिम साधनों का उपयोग किया जा सकता है और मनुष्य के चित्त पर बिना दबाव दिए उनका उपयोग किया जा सकता है।

कुछ प्रश्न उठाए जाते हैं। यहां उनके उत्तर देना पसंद करूंगा।

एक मित्र ने पूछा है कि अगर यह बात समझायी जाए तो जो समझदार हैं, बुद्धिजीवी हैं, इंटेलिजेन्सिया हैं, मुल्क का जो अभिजात वर्ग है, बुद्धिमान और समझदार हैं, वह तो मान जाएगा, वह तो संतति नियमन कर लेगा, परिवार नियोजन कर लेगा। लेकिन, जो गरीब हैं, दीन-हीन हैं, बे-पढ़े-लिखे ग्रामीण हैं, जो कुछ समझते ही नहीं, वे बच्चे पैदा करते ही चले जाएंगे और लम्बे अरसे में परिणाम यह होगा कि बुद्धिमानों के बच्चे कम हो जाएंगे और गैर-बुद्धिमानों के बच्चों की संख्या बढ़ती जाएगी।

इसे दूसरी तरह से धर्म-गुरु भी उठाते हैं, वे कहते हैं कि मुसलमान सुनते नहीं, ईसाई सुनते नहीं, कैथालिक सुनते नहीं वे कहते हैं कि 'संतति नियमन' हमारे धर्म के विरोध में हैं। मुसलमान फिक्र नहीं करता तो हिंदू क्यों फिक्र करेगा। हिंदू धर्म-गुरु कहते हैं कि हिंदू सिकुड़े और मुसलमान, ईसाई बढ़ते चले जाएंगे। पचास साल में मुश्किल हो जाएगी, हिंदू नगण्य हो जाएंगे, मुसलमान और ईसाई बढ़ जाएंगे। इस बात में भी थोड़ा अर्थ है।

इन दोनों के संबंध में कुछ कहना चाहूंगा।

पहली बात तो यह है कि संतति नियमन कम्पलसरी, अनिवार्य होना चाहिए, वालेंटरी, ऐच्छिक नहीं।

जब तक हम एक-एक आदमी को समझाने की कोशिश करेंगे कि तुम्हें संतति नियमन करवाना चाहिए, तब तक इतनी भीड़ हो चुकी होगी कि संतति नियमन का कोई अर्थ नहीं रह जाएगा।

एक अमेरिकी विचारक ने लिखा है कि इस वक्त सारी दुनिया में जितने डाक्टर परिवार नियोजन में सहयोगी हो सकते हैं, अगर वे सब के सब एशिया में लगा दिए जाएं, और वे बिल्कुल न सोएं, चौबीस घंटे ऑपरेशन करते रहें, तो भी उन्हें एशिया को उस स्थिति में लाने के लिए, जहां जनसंख्या नियंत्रण में आ जाए, पांच सौ वर्ष लगेंगे। और पांच सौ वर्ष में तो हमने इतने नए बच्चे पैदा कर लिए होंगे, जिसका कोई हिसाब नहीं रह जाएगा।

ये दोनों संभावनाएं नहीं हैं। दुनिया के सभी डाक्टर एशिया में लाकर

लगाए नहीं जा सकते। और पांच सौ वर्ष में हम खाली थोड़े ही बैठे रहेंगे। पांच सौ वर्षों में तो हम जाने क्या कर डालेंगे? नहीं, यह संभव नहीं होगा। समझाने-बुझाने के प्रयोग से तो सफलता दिखाई नहीं पड़ती।

संतति नियमन तो अनिवार्य करना पड़ेगा और यह अलोकतांत्रिक नहीं है।

एक आदमी की हत्या करने में जितना नुकसान होता है, उससे हजार गुना नुकसान एक बच्चे को पैदा करने से होता है। आत्महत्या से जितना नुकसान होता है, एक बच्चा पैदा करने से उससे हजार गुना नुकसान होता है।

संतति नियमन अनिवार्य होना चाहिए।

तब गरीब व अमीर और बुद्धिमान व गैर बुद्धिमान का सवाल नहीं रह जाएगा। तब हिंदू, मुसलमान और ईसाई का सवाल नहीं रह जाएगा।

यह देश बड़ा अजीब है। हम कहते हैं कि हम धर्मनिरपेक्ष हैं, और फिर भी सब चीजों में धर्म का विचार करते हैं। सरकार भी विचार रखती है! 'हिंदू कोड बिल' बना हुआ है, वह सिर्फ हिंदू स्त्रियों पर ही लागू होता है! यह बड़ी अजीब बात है। सरकार जब धर्म-निरपेक्ष है तो मुसलमान स्त्रियों को अलग करके सोचे, यह बात ही गलत है। सरकार को सोचना चाहिए स्त्रियों के संबंध में।

मुसलमान को हक है कि वह चार शादियां करे, किंतु हिंदू को हक नहीं! तो मानना क्या होगा? यह धर्म-निरपेक्ष राज्य कैसे हुआ?

हिंदुओं के लिए अलग नियम और मुसलमान के लिए अलग नियम नहीं होना चाहिए।

सरकार को सोचना चाहिए 'स्त्री' के लिए। क्या यह उचित है कि चार स्त्रियां एक आदमी की पत्नी बनें? वह हिंदू हो या मुसलमान, यह असंगत है। चार स्त्रियां एक आदमी की पत्नियां बनें, यह बात ही अमानवीय है।

यह सवाल नहीं है कि कौन हिंदू है, कौन मुसलमान है? यह अपनी-अपनी इच्छा की बात है। फिर, कल हम यह भी कह सकते हैं कि मुसलमान को हत्या करने की थोड़ी सुविधा देनी चाहिए, ईसाई को थोड़ी या

हिंदू को थोड़ी सुविधा देनी चाहिए हत्या करने की। नहीं, हमें व्यक्ति और आदमी की दृष्टि से विचार करने की जरूरत नहीं है। यह सवाल पूरे मुल्क का है, इसमें हिंदू, मुसलमान और ईसाई अलग नहीं किए जा सकते।

दूसरी बात विचारणीय है कि हमारे देश में हमारी प्रतिभा निरंतर क्षीण होती चली गयी है और अगर हम आगे भी ऐसे ही बच्चे पैदा करना जारी रखते हैं तो संभावना है कि हम सारे जगत में प्रतिभा में धीरे-धीरे पिछड़ते चले जाएंगे।

अगर इस जाति को ऊंचा उठाना हो—स्वास्थ्य में, सौंदर्य में, चिंतन में, प्रतिभा में, मेधा में तो हमें प्रत्येक आदमी को बच्चे पैदा करने का हक नहीं देना चाहिए।

संतति नियमन अनिवार्य तो होना ही चाहिए। बल्कि जब तक विशेषज्ञ आज्ञा न दें, तब तक बच्चा पैदा करने का हक किसी को भी नहीं रह जाना चाहिए। मेडिकल बोर्ड जब तक अनुमति न दे दे, तब तक कोई आदमी बच्चे पैदा न कर सके।

कितने कोढ़ी बच्चे पैदा किए जाते हैं, कितने ईडियट, मूर्ख पैदा किए जाते हैं। कितने संक्रामक रोगों से भरे लोग बच्चे पैदा करते हैं और उनके बच्चे पैदा होते चले जाते हैं। और देश में दया और धर्म करने वाले लोग हैं। अगर वे खुद अपने बच्चे न पाल सकते हों, तो हम उनके लिए अनाथालय खोलकर उनके बच्चों को पालने का भी इंतजाम कर देते हैं। ये ऊपर से तो दान और दया दिखाई पड़ रही है, लेकिन है बड़ी खतरनाक। इंतजाम तो यह होना चाहिए कि बच्चे स्वस्थ, सुंदर, बुद्धिमान, प्रतिभाशाली व संक्रामक रोगों से मुक्त हों।

असल में शादी के पहले ही हर गांव में, हर नगर में डाक्टरों की, विचारशील मनोवैज्ञानिकों, साइकोलॉजिस्ट्स की सलाहकार समिति होनी चाहिए, जो प्रत्येक व्यक्ति को निर्देश दे। अगर दो व्यक्ति शादी करते हैं, तो वे बच्चे पैदा कर सकेंगे या नहीं, यह बता दें। शादी करने का हक प्रत्येक को है। ऐसे दो लोग भी शादी कर सकेंगे, जिनको सलाह न दी गयी हो, लेकिन

बच्चे पैदा न कर सकेंगे।

हम जानते हैं कि पौधे पर 'क्रास ब्रीडिंग' से कितना लाभ उठाया जा सकता है। एक माली अच्छी तरह जानता है कि नए बीज कैसे विकसित किए जाते हैं। गलत बीजों को कैसे हटाया जा सकता है। छोटे बीज कैसे अलग किए जा सकते हैं, बड़े बीज कैसे बचाए जा सकते हैं। एक माली सभी बीज नहीं बो देता, बीजों को छांटता है।

हम अब तक मनुष्य-जाति के साथ उतनी समझदारी नहीं कर सके, जो एक साधारण-सा माली बगीचे में करता है। यह भी आपको खयाल हो कि जब माली को बड़ा फूल पैदा करना होता है तो वह छोटे फूलों को पहले काट देता है। आपने कभी फूलों की प्रदर्शनी देखी है, जो फूल जीतते हैं, उनके जीतने का कारण क्या है ?

उनका कारण यह है कि माली ने होशियारी से एक पौधे पर एक ही फूल पैदा किया, बाकी फूल पैदा ही नहीं होने दिए। बाकी फूलों को उसने जड़ से ही अलग कर दिया, पौधे की सारी शक्ति एक ही फूल में प्रवेश कर गयी।

एक आदमी बारह बच्चे पैदा करता है तो भी कभी भी बहुत प्रतिभाशाली बच्चे पैदा नहीं कर सकता। अगर एक ही बच्चा पैदा करे तो बारह बच्चों की सारी प्रतिभा एक बच्चे में प्रवेश कर सकती है।

प्रकृति के भी बड़े अद्‌भुत नियम हैं। प्रकृति बड़े अजीब ढंग से काम करती है, जब युद्ध होता है दुनिया में, तो युद्ध के बाद लोगों की संतति पैदा करने की क्षमता बढ़ जाती है। यह बड़ी हैरानी की बात है। युद्ध से क्या लेना-देना ! जब-जब भी युद्ध होता है तो जन्म-दर बढ़ जाती है। पहले महायुद्ध के बाद जन्म-दर एकदम ऊपर उठ गयी, क्योंकि पहले महायुद्ध में कोई साढ़े तीन करोड़ लोग मर गए थे। प्रकृति कैसे इंतजाम रखती है, यह भी हैरानी की बात है। प्रकृति को कैसे पता चला कि युद्ध हो गया, और अब बच्चों की जन्म-दर बढ़ जाना चाहिए। दूसरे महायुद्ध में भी कोई साढ़े सात करोड़ लोग मरे और जन्म-दर एकदम बढ़ गयी। महामारी के बाद, हैजे के बाद, प्लेग के बाद लोगों की जन्म-दर बढ़ जाती है।

अगर एक आदमी पचास बच्चे पैदा करे तो उसकी शक्ति पचास पर बिखर जाती है। अगर वह एक ही बच्चे पर केंद्रित करे तो उसकी शक्ति, उसकी प्रतिभा प्रकृति एक ही बच्चे में डाल सकती है। 100 लड़कियां पैदा होती हैं, तो 116 लड़के पैदा होते हैं। यह अनुपात है सारी दुनिया में। और यह बड़े मजे की बात है कि 116 लड़के किसलिए पैदा होते हैं? 16 लड़के बेकार रह जाएंगे, इन्हें कौन लड़की देगा? 100 लड़कियां पैदा होती हैं, 116 लड़के पैदा होते हैं। लेकिन, प्रकृति का इंतजाम बहुत ही अद्‌भुत है। प्रकृति का इंतजाम बहुत गहरा है। वह लड़कियों को कम पैदा करती है और लड़कों को अधिक, क्योंकि उम्र पाते-पाते, प्रौढ़ होते-होते 16 लड़के मर जाते हैं और संख्या बराबर हो जाती है। असल में लड़कियों की जिंदगी में जीने का रेजिस्टेंस, अवरोध-क्षमता लड़कों से ज्यादा है, इसलिए 16 लड़के ज्यादा पैदा होते हैं। हर 14 साल बाद संख्या बराबर हो जाती है! लड़कियों में जिंदा रहने की शक्ति लड़कों से ज्यादा है।

आमतौर से पुरुष सोचता है कि हम सब तरह से शक्तिवान हैं। इस भूल में मत पड़ना। कुछ बातों को छोड़कर स्त्रियां पुरुषों से कई अर्थों में ज्यादा शक्तिवान हैं, उनका रेजिस्टेंस, उनकी शक्ति कई अर्थों में ज्यादा है। शायद प्रकृति ने स्त्री को सारी क्षमता इसलिए दी है कि वह बच्चे को पैदा करने की, बच्चे को झेलने की, बड़ा करने की जो इतनी तकलीफदेय प्रक्रिया है, उन सबको झेल सके। प्रकृति सब इंतजाम कर देती है। अगर हम बच्चे कम पैदा करेंगे तो प्रकृति जो अनेक बच्चों पर प्रतिभा देती है, वह एक बच्चे पर ही डाल देगी।

आदमी इसलिए पिछड़ा हुआ है, क्योंकि वह दूसरी चीजों के विषय में वैज्ञानिक चिंतन कर लेता है, लेकिन, आदमियों के संबंध में नहीं करता। आदमियों के संबंध में हम बड़े अवैज्ञानिक हैं। हम कहते हैं कि हम कुंडली मिलाएंगे। हम कहते हैं कि हम ब्राह्मण से ही शादी करेंगे।

विज्ञान तो कहता है कि शादी जितनी दूर हो, उतने अच्छे बच्चे पैदा होंगे। अगर अंतर्जातीय हो तो बहुत अच्छा, अंतर्देशीय हो; तो और अच्छा

और अंतर्राष्ट्रीय हो तो और भी अधिक अच्छा। और आज नहीं तो कल अंतर्ग्रहीय हो जाए, मंगल पर या कहीं और आदमी मिल जाए तो और भी अच्छा क्योंकि, हम जानते हैं कि अंग्रेजी सांड और हिंदुस्तानी गाय हो, तो जो बछड़े पैदा होंगे, उसका मुकाबला नहीं रहेगा।

हम आदमी के संबंध में समझ का उपयोग कब करेंगे ?

अगर हम समझ का उपयोग करेंगे, तो जो हम जानवरों के साथ कर रहे हैं, समृद्ध फूलों के साथ कर रहे हैं, वही आदमी के साथ करना जरूरी होगा। ज्यादा अच्छे बच्चे पैदा किए जा सकते हैं, ज्यादा स्वस्थ, ज्यादा उम्र जीने वाले, ज्यादा प्रतिभाशाली। लेकिन उनके लिए कोई व्यवस्था देने की जरूरत है।

परिवार नियोजन, मनुष्य के वैज्ञानिक संतति नियोजन का पहला कदम है।

अभी और कदम उठाने पड़ेंगे, यह तो अभी सिर्फ पहला कदम है। लेकिन, पहले कदम से ही क्रांति हो जाती है, वह क्रांति आपके खयाल में नहीं है। वह मैं आपसे कहना चाहूंगा। जो बड़ी क्रांति परिवार नियोजन की व्यवस्था से हो जाती है—हम पहली बार सेक्स को, यौन को संतति से तोड़ देते हैं। अब तक यौन, संभोग का अर्थ था—संतति का पैदा होना। अब हम दोनों को तोड़ देते हैं। अब हम कहते हैं, संतति को पैदा होने की कोई अनिवार्यता नहीं है।

यौन और संतति को हम दो हिस्सों में तोड़ रहे हैं—यह बहुत बड़ी क्रांति है।

इसका मतलब अंततः यह होगा कि अगर यौन से संतति के पैदा होने की संभावना नहीं है, तो कल हम ऐसी संतति को भी पैदा करने की व्यवस्था करेंगे, जिसका हमारे यौन से कोई संबंध न हो—यह दूसरा कदम होगा।

संतति नियमन का अंतिम परिणाम यह होने वाला है कि हम वीर्य-कणों को सुरक्षित रखने की व्यवस्था कर सकेंगे। आइंस्टीन का वीर्य-कण उपलब्ध हो सकता था।

एक आदमी के पास कितने वीर्य-कण हैं—कभी आपने सोचा है ? एक संभोग में एक आदमी कितने वीर्य-कण खोता है ? एक संभोग में एक आदमी इतने वीर्य-कण खोता है कि उनसे एक करोड़ बच्चे पैदा हो सकते हैं। और एक आदमी अंदाजन जिंदगी में चार हजार बार संभोग करता है। याने एक आदमी चार हजार बच्चों का बाप बन सकता है।

एक आदमी के वीर्य-कण अगर संरक्षित हो सकें तो एक आदमी चार करोड़ बच्चों का बाप बन सकता है। एक आइंस्टीन चार हजार बच्चों को जन्म दे सकता है। एक बुद्ध चार हजार बच्चों को जन्म दे सकता है।

क्या यह उचित न होगा कि हम आदमी के बाबत विचार करें, और हम इस बात की खोज करें ? संतति नियमन ने पहली घटना शुरू कर दी, हमने सेक्स को तोड़ दिया। अब हम कहते हैं कि बच्चे की फिक्र छोड़ दो; संभोग किया जा सकता है, संभोग का सुख लिया जा सकता है, बच्चे की चिंता की कोई जरूरत नहीं। जैसे ही यह बात स्थापित हो जाएगी, दूसरा कदम भी उठाया जा सकेगा।

और वह यह कि—अब जिससे संभोग करते हों, उससे ही बच्चा पैदा हो, तुम्हारे संभोग से बच्चा पैदा हो, यह भी अवैज्ञानिक है।

और अच्छी व्यवस्था की जा सकती है, और वीर्य-कण उपलब्ध किया जा सकता है, वैज्ञानिक व्यवस्था की जा सकती है और तुम्हें वीर्य-कण मिल सकता है। चूंकि अब तक हम उसको सुरक्षित नहीं रख सकते थे, अब तो उसको सुरक्षित रखा जा सकता है। अब जरूरी नहीं कि आप जिंदा हों, तभी आपका बेटा पैदा हो। आपके मरने के 50 साल बाद भी आपका बेटा पैदा हो सकता है।

इसलिए यह जल्दी करने की जरूरत नहीं है कि मेरा बेटा मेरे जिंदा रहने में ही पैदा हो जाए, वह बाद में 10 हजार साल भी पैदा हो सकता है। अगर मनुष्यों ने समझा कि आपका बेटा पैदा करना जरूरी है, तो वह आपके लिए सुरक्षा कर सकता है। आपका बच्चा कभी भी पैदा हो सकता है। अब बाप और बेटे का अनिवार्य संबंध उस हालत में नहीं रह जाएगा। जिस हालत में

अब तक था, वह टूट जाएगा।

एक क्रांति हो रही है। लेकिन इस देश में हमारे पास समझ बहुत कम है। अभी तो हम संतति नियमन को ही नहीं समझ पा रहे हैं। यह पहला कदम है, यह सेक्स मारेलिटी के संबंध में पहला कदम है। और एक दफा सेक्स की पुरानी मारेलिटी, पुरानी नीति टूट जाए तो इतनी क्रांति होगी कि जिसका हिसाब लगाना मुश्किल है। क्योंकि, हमें पता भी नहीं कि जो भी हमारी नीति है, वह किसी पुरानी यौन व्यवस्था से संबंधित है। यौन व्यवस्था पूरी तरह टूट जाए तो पूरी नीति बदल जाएगी।

धर्म-गुरु इसलिए भी डरा हुआ है। गांधीजी और विनोबाजी इसलिए भी डरे हुए हैं कि अगर यह कदम उठाया गया तो यह पुरानी नैतिक व्यवस्था को तोड़ देगा, नयी नीति विकसित हो जाएगी। क्योंकि, पुरानी नीति का कोई अर्थ नहीं रह जाएगा।

अब तक स्त्री को निरंतर दबाया जा सकता था। पुरुष अपने सेक्स के संबंध में स्वतंत्रता बरत सकता था, क्योंकि उसको पकड़ना बड़ा मुश्किल था।

इसलिए, पुरुष ने ऐसी व्यवस्था बनायी थी, जिसमें स्त्री की पवित्रता और अपनी स्वतंत्रता का पूरा इंतजाम रखा था। इसलिए स्त्री को सती होना पड़ता था, पुरुष को नहीं।

इसलिए स्त्री के कुंवारे रहने पर भारी बल था, पुरुष के कुंवारे रहने की कोई चिंता न थी। इसलिए अभी भी माताएं और स्त्रियां कहती हैं कि लड़के तो लड़के हैं, लेकिन लड़कियों के संबंध में हिसाब अलग है।

अगर संतति नियमन की बात पूरी होगी, होनी ही पड़ेगी, तो लड़कियां भी लड़कों जैसी मुक्त हो जाएंगी। उनको फिर बांधने और दबाने का उपाय नहीं रहेगा। लड़कियां उपद्रव में पड़ सकती थीं, क्योंकि उनको गर्भ रह जा सकता था। पुरुष उपद्रव में नहीं पड़ता था, क्योंकि उसको गर्भ का कोई डर न था।

नयी व्यवस्था ने लड़कियों को भी लड़कों की स्थिति में खड़ा कर दिया

है। पहली दफा स्त्री और पुरुष की समानता सिद्ध हो सकेगी। अब तक सिद्ध न हो सकती थी, चाहे हम कितना भी चिल्लाते कि स्त्रियां और पुरुष समान हैं। वे इसलिए समान नहीं हो सकते थे, क्योंकि पुरुष स्वतंत्रता बरत सकता था। पकड़े जाने के भय से स्त्री स्वतंत्रता नहीं बरत सकती थीं।

विज्ञान की व्यवस्था ने स्त्री को पुरुष के निकट खड़ा कर दिया है। अब वे दोनों बराबर स्वतंत्र हैं। अगर पवित्रता निश्चित करनी है, तो दोनों को ही निश्चित करनी पड़ेगी। अगर स्वतंत्रता तय करनी है, तो दोनों समान रूप से स्वतंत्र होंगे।

बर्थ-कंट्रोल, संतति नियमन के कृत्रिम साधन स्त्री को पहली बार पुरुष के निकट बिठाते हैं। बुद्ध नहीं बिठा सके, महावीर नहीं बिठा सके, अब तक दुनिया में कोई महापुरुष नहीं बिठा सके।

उन्होंने कहा, दोनों बराबर हैं। लेकिन वे बराबर हो नहीं सके। क्योंकि, उनकी एनाटॉमी, उनकी शरीर की व्यवस्था खास कर गर्भ की व्यवस्था कठिनाई में डाल देती थी। स्त्री कभी भी पुरुष की तरह स्वतंत्र नहीं हो सकती थी। आज पहली दफा स्त्री भी स्वतंत्र हो सकती है। अब इसके दो मतलब होंगे—या तो स्त्री स्वतंत्र की जाए या पुरुष की अब तक की स्वतंत्रता पर पुनर्विचार किया जाए।

अब सारी नीति को बदलना पड़ेगा। इसलिए धर्म-गुरु परेशान हैं। अब मनु की नीति को बदलना पड़ेगा, इसलिए धर्म-गुरु परेशान हैं। अब मनु की नीति नहीं चलेगी, क्योंकि सारी व्यवस्था बदल जाएगी और इसलिए उनकी घबराहट स्वाभाविक है।

लेकिन बुद्धिमान लोगों को समझ लेना चाहिए कि उनकी घबराहट, उनकी नीति को बचाने के लिए मनुष्यता की हत्या नहीं की जा सकती। उनकी नीति जाती हो कल, तो आज चली जाए, लेकिन मनुष्यता को बचाना ज्यादा महत्त्वपूर्ण है और ज्यादा जरूरी है। मनुष्य रहेगा तो हम नयी नीति खोज लेंगे और मनुष्यता न रही तो मनु की, याज्ञवल्क्य की किताबें सड़ जाएंगी और गल जाएंगी तथा नष्ट हो जाएंगी, उनको कोई बचा भी नहीं

सकता।

मैं परिवार नियोजन में मनुष्य के लिए भविष्य में बड़ी क्रांति की संभावनाएं देखता हूं।

इतना ही नहीं कि आप दो बच्चों पर रोक लेंगे अपने को, बल्कि अगर परिवार नियोजन की स्वीकृति, उसका पूरा दर्शन हमारे खयाल में आ जाए तो मनुष्य की पूरी नीति, पूरा धर्म, अंततः परिवार की पूरी व्यवस्था और अंतिम रूप से परिवार का पूरा ढांचा बदल जाएगा। कभी छोटी चीजें सब बदल देती हैं, जिनका हमें खयाल नहीं होता।

मैं परिवार नियोजन और कृत्रिम साधनों के पक्ष में हूं, क्योंकि मैं अंततः जीवन को चारों तरफ से क्रांति से गुजरा हुआ देखना चाहता हूं।

चीन से एक आदमी ने जर्मनी के एक विचारक को एक छोटी-सी पेटी भेजी। लकड़ी की पेटी, बहुत खूबसूरत खुदाव था उस पेटी पर। अपने मित्र को वह पेटी भेजी और लिखा कि मेरी एक शर्त है उसको ध्यान में रखना, इस पेटी का मुंह हमेशा पूर्व की तरफ रखना। क्योंकि यह पेटी हजार वर्ष पुरानी है और जिन-जिन लोगों के हाथ में गयी है, यह शर्त उनके साथ रही है कि इसका मुंह पूर्व की तरफ रहे, यह इसे बनाने वाले की इच्छा है। अब तक पूरी की गयी है, इसका ध्यान रखना।

उसके मित्र ने लिख भेजा कि चाहे कुछ भी हो, वह पेटी का मुंह पूर्व की तरफ रखेगा, इसमें कठिनाई क्या है? लेकिन पेटी इतनी खूबसूरत थी कि जब उसने अपने बैठकखाने में पेटी का मुंह पूर्व की ओर रखा तो देखा कि पूरा बैठकखाना बेमेल हो गया। उसे पूरे बैठकखाने को बदलना पड़ा, फिर से आयोजित करना पड़ा, सोफे बदलने पड़े, टेबिलें बदलनी पड़ीं, फोटो बदलने पड़े। जब उसने सब बदल दिया तो उसे हैरानी हुई कि कमरे के जो दरवाजे खिड़कियां थीं, वे बेमेल हो गईं। पर उसने पक्का आश्वासन दिया था तो उसने खिड़की दरवाजे भी बदल डाले। लेकिन वह कमरा अब पूरे मकान में बेमेल हो गया, तो उसने पूरा मकान बदल लिया। आश्वासन दिया था, तो उसे पूरा करना था। तब उसने पाया कि उसका बगीचा, बाहर का

दृश्य, फूल सब बेमेल हो गए, तब उसको उन सबको बदलना पड़ा ।

फिर भी उसने अपने मित्र को लिखा कि मेरा घर मेरी बस्ती में बेमेल हुआ जा रहा है, इसलिए मैं बड़ी मुश्किल में पड़ गया हूं, अपने घर तक को बदल सकता हूं, लेकिन पूरे गांव को कैसे बदलूंगा और गांव को बदलूंगा तो शायद वह सारी दुनिया में बेमेल हो जाए, तो बड़ी मुश्किल हो जाएगी ।

यह घटना बताती है कि एक छोटी-सी बदलाहट अंततः सब चीजों को बदल देती है ।

धर्म-गुरु का डरना ठीक है, वह डरा हुआ है । वह डरा हुआ है, उसके कारण हैं । उसे अचेतन में यह बोध हो रहा है कि अगर संतति नियमन और परिवार नियोजन की व्यवस्था आ गई तो अब तक की परिवार की धारणा, नीति सब बदल जाएगी ।

और मैं क्यों पक्ष में हूं ? क्योंकि मैं चाहता हूं कि वह जितनी जल्दी बदले, उतना अच्छा है । आदमी ने बहुत दुःख झेल लिया पुरानी व्यवस्था से, उसे नयी व्यवस्था खोजनी चाहिए । जरूरी नहीं कि नयी व्यवस्था सुख ही लाएगी, लेकिन कम से कम पुराना दुःख तो न होगा । दुःख भी होंगे तो नए होंगे । और जो नए दुःख खोज सकता है, वह नए सुख भी खोज सकेगा ।

असल में नए की खोज की हिम्मत जुटानी जरूरी है । पूरे मनुष्य को नया करना है । और परिवार नियोजन और संतति नियमन केंद्रीय बन सकता है, क्योंकि सेक्स मनुष्य के जीवन में केंद्रीय है । हम उसकी बात करें या न करें, हम उसकी चर्चा करें या न करें, सेक्स मनुष्य के जीवन में केंद्रीय तत्त्व है । अगर उसमें कोई भी बदलाहट होती है तो हमारा पूरा धर्म, पूरी नीति सब बदल जाएगी । वे बदल जानी ही चाहिए ।

मनुष्य के भोजन, निवास, भविष्य की समस्याएं ही इससे बंधी नहीं हैं, मनुष्य की आत्मा, मनुष्य की नैतिकता, मनुष्य के भविष्य का धर्म, मनुष्य के भविष्य का परमात्मा भी इस बात पर निर्भर है कि हम अपने यौन के संबंध में क्या दृष्टिकोण अख्तियार करते हैं ।

प्रश्नकर्ता : भगवानश्री, परिवार नियोजन के बारे में अनेक लोग प्रश्न

करते हैं कि परिवार द्वारा अपने बच्चों की संख्या कम करना धर्म के खिलाफ है। क्योंकि, उनका कहना है कि बच्चे तो ईश्वर की देन हैं, और खिलाने वाला परमात्मा है। हम कौन हैं? हम तो सिर्फ जरिया हैं, इंस्ट्रुमेंट हैं। हम तो सिर्फ बीच में इंस्ट्रुमेंट हैं, जिसके जरिए ईश्वर खिलाता है। देनेवाला वह, करनेवाला वह, करानेवाला वह, फिर हम क्यों रोक डालें? अगर हमको ईश्वर ने दस बच्चे दिए तो दसों को खिलाने का प्रबंध भी वही करेगा। इस संबंध में आपके क्या विचार हैं?

भगवानश्री : सबसे पहले तो "धर्म क्या है", इस संबंध में थोड़ी-सी बात समझ लेनी चाहिए।

धर्म है मनुष्य को अधिकतम आनंद, मंगल और सुख देने की कला।

मनुष्य कैसे अधिकतम रूप से मंगल को उपलब्ध हो, इसका विज्ञान ही धर्म है।

तो, धर्म ऐसी किसी बात की सलाह नहीं दे सकता, जिससे मनुष्य के जीवन में सुख की कमी हो। परमात्मा भी वह नहीं चाह सकता, जिससे कि मनुष्य का दुःख बढ़े, परमात्मा भी चाहेगा कि मनुष्य का आनंद बढ़े। लेकिन, परमात्मा मनुष्य को परतंत्र भी नहीं करता, क्यों? क्योंकि, परतंत्रता भी दुःख है। इसलिए परमात्मा ने मनुष्य को पूरी तरह स्वतंत्र छोड़ा है। और स्वतंत्रता में अनिवार्य रूप से यह भी सम्मिलित है कि मनुष्य चाहे तो अपने लिए दुःख निर्माण कर ले, तो भी परमात्मा रोकेगा नहीं।

हम अपना दुःख भी बना सकते हैं और सुख भी। हम आनंदमय हो सकते हैं और परेशान भी। यह सारी स्वतंत्रता मनुष्य को है। इसलिए यदि हम दुःखी होते हैं तो परमात्मा जिम्मेदार नहीं है। उस दुःख के कारण हमें खोजने पड़ेंगे और बदलने पड़ेंगे।

मनुष्य ने दुःख के कारण बदलने में बहुत विकास किया है। एक बड़ा दुःख था जगत में कि मृत्यु की दर बहुत ज्यादा थी। दस बच्चे पैदा होते थे तो नौ बच्चे मर जाते थे। यह इतने दुःख की घटना थी जिसका कोई हिसाब नहीं था। शायद मां-बाप के लिए इससे दुःखद कोई घटना न थी। खुद का

मरना भी शायद इतना दुःखद न होगा जितना दस बच्चे पैदा हों और नौ बच्चे मर जाएं। तो मां-बाप बच्चों के जन्म की करीब-करीब खुशी ही नहीं मना पाते, मरने का दुःख मनाते ही जिंदगी बीत जाती थी।

तो मनुष्य ने निरंतर खोज की और अब यह हालत आ गयी है कि दस बच्चों में से नौ बच्चे बच सकते हैं और कल दस बच्चे भी बचाए जा सकेंगे। दस बच्चे में से नौ बच्चे मरते थे तो एक आदमी को अगर तीन बच्चे बचाना हो तो कम-से-कम औसतन तीस बच्चे पैदा करने होते थे। जब तीस बच्चे पैदा होते थे तो तीन बच्चे बचते थे।

अब मनुष्य ने खोज कर ली है नियमों की और वह इस जगह पहुंच गया कि दस बच्चों में से नौ जिंदा रहेंगे, दस भी जिंदा रह सकते हैं। लेकिन, आदत उसकी पुरानी पड़ी हुई है—तीस बच्चे पैदा करने की।

आज परिवार नियोजन जो कह रहा है "दो या तीन बच्चे बस", यह कोई नयी बात नहीं है। इतने बच्चे तब भी थे। इससे ज्यादा तो कभी होते ही नहीं थे। औसत तो यही था, तीन बच्चों का। और 27 बच्चे मरते थे। फिर 27 बच्चों के मरने पर तीन बच्चों के होने का सुख भी समाप्त हो जाता था। तो, हमने व्यवस्था कर ली कि हमने मृत्यु-दर को कम कर लिया। वह भी हमने परमात्मा के नियमों को खोज कर किया। वे नियम भी कोई आदमी के बनाए नियम नहीं हैं। अगर बच्चे मर जाते थे तो वे भी हमारे नियम की नासमझी के कारण मरते थे। हमने नियम खोज लिए हैं, बच्चे ज्यादा बचा लेते हैं। बच्चे जब हम ज्यादा बचा लेते हैं तो सवाल खड़ा हुआ कि इतने बच्चों के लिए इस पृथ्वी पर सुख की व्यवस्था हम कर पाएंगे? इतने बच्चों के लिए सुख की व्यवस्था इस पृथ्वी पर नहीं की जा सकती।

बुद्ध के समय में हिंदुस्तान की आबादी दो करोड़ थी, आज हिंदुस्तान की आबादी 50 करोड़ के ऊपर है। जहां दो करोड़ लोग खुशहाल हो सकते थे, वहां 50 करोड़ लोग कीड़े-मकोड़ों की तरह मरने लगेंगे और परेशान होने लगेंगे, क्योंकि जमीन नहीं बढ़ती, जमीन के उत्पादन की क्षमता नहीं बढ़ती। आज पृथ्वी पर साढ़े तीन अरब लोग हैं, यह संख्या इतनी ज्यादा है कि पृथ्वी

संपन्न नहीं हो सकती। इतनी संख्या के होते हुए भी हमने मृत्यु-दर रोक ली है। उस वक्त हमने न कहा कि भगवान चाहता है कि दस बच्चे पैदा हों और नौ मर जाएं। अगर हम उस वक्त कहते तो भी बात ठीक थी, उस वक्त हम राजी हो गए। लेकिन अब हम कहते हैं कि हम बच्चे पैदा करेंगे, क्योंकि भगवान दस बच्चे देता है। यह तर्क बेईमान तर्क है। इसका भगवान से, धर्म से कोई संबंध नहीं है। जब हम दस बच्चे पैदा करते थे और नौ बच्चे मरते थे, तब भी हमें यही कहना चाहिए था कि भगवान नौ बच्चे मारता है, हम न बचाएंगे। हम दवा न करेंगे, हम इलाज न करेंगे, हम चिकित्सा की व्यवस्था न करेंगे।

चिकित्सा की व्यवस्था, इलाज, दवाएं सबकी खोज हमने की, जो कि बिल्कुल उचित ही है और इसको निश्चित ही भगवान आशीर्वाद देगा। क्योंकि भगवान बीमारी का आशीर्वाद देता हो, और इतने बच्चे पैदा हों और उनमें अधिकतम मर जाएं, इसके लिए उसका आशीर्वाद हो, ऐसी बात जो लोग करते हैं, वे धार्मिक नहीं हो सकते। वे तो भगवान को भी क्रूर, हत्यारा और बुरा सिद्ध कर देते हैं।

अगर बच्चे मरते थे तो हमारी नासमझी थी, अब हमने समझ बढ़ा ली, अब बच्चे बचेंगे। अब हमें दूसरी समझ बढ़ानी पड़ेगी कि कितने बच्चे पैदा करें। मृत्यु-दर जब हमने कम कर ली तो हमें जन्म-दर भी कम करनी पड़ेगी, अन्यथा नौ बच्चों के मरने से जितना दुःख होता था, दस बच्चों के बचने से उससे कई गुना ज्यादा दुःख जमीन पर पैदा हो जाएगा।

आदमी स्वतंत्र है अपने दुःख और सुख की खोज में।

यह आदमी की बुद्धिमत्ता पर निर्भर है कि वह कितना सुख अर्जित करे या कितना दुःख अर्जित करे।

तो, अब जरूरी हो गया है कि हम बच्चे कम पैदा करें, ताकि अनुपात वही रहे जो कि पृथ्वी संभाल सकती है।

और बड़े मजे की बात यह है कि हम भगवान का नाम लेते हैं तो यह भूल जाते हैं कि अगर भगवान बच्चे पैदा कर रहा है तो बच्चों को रोकने की

जो कल्पना, जो खयाल पैदा हो रहा है, वह कौन पैदा कर रहा है ? अगर डाक्टर के भीतर से भगवान बच्चे को बचा रहा है तो डाक्टर के भीतर से उन बच्चों को आने से रोक भी रहा है, जो कि पृथ्वी को कष्ट में, दु:ख में डाल देंगे ।

अगर सभी कुछ भगवान का है, तो यह परिवार नियोजन का खयाल भी भगवान का ही है ।

और, मनुष्य की यह आकांक्षा कि हम अधिकतम सुखी हों, यह भी इच्छा भगवान की ही है ।

अधिकतम सुख चाहिए तो परिवार का नियमन चाहिए ।

परिवार नियोजन का और कोई अर्थ नहीं है—इसका अर्थ इतना ही है कि पृथ्वी कितने लोगों को सुख दे सकती है, भोजन दे सकती है । उससे ज्यादा लोगों को पृथ्वी पर खड़े करना, अपने हाथ से पृथ्वी को नरक बनाना है ।

पृथ्वी स्वर्ग बन सकती है, नरक भी बन सकती है—और यह आदमी के हाथ में है ।

जब तक आदमी ना-समझ था तो प्रकृति की अंधी शक्तियां काम करती थीं । बच्चे कितने ही पैदा कर लो, मर जाते थे । बीमारी आती थी, महामारी आती थी, प्लेग आता था, मलेरिया आता था और बच्चे विदा होते जाते थे । युद्ध होता, अकाल पड़ता, भूकंप होते, और बच्चे विदा हो जाते थे ।

मनुष्य ने प्रकृति की ये सारी विध्वंसक शक्तियों पर बहुत दूर तक कब्जा कर लिया । प्लेग नहीं होगा, महामारी नहीं होगी, मलेरिया नहीं होगा, माता नहीं होगी, अकाल में हम बच्चे को मरने न देंगे । पिछला अकाल जो बिहार में पड़ा, उसमें अनुमान था कि कोई दो करोड़ लोगों की मृत्यु हो जाएगी; लेकिन मरे केवल 40 आदमी । तो अकाल भी जिन लोगों को मार सकता था, उनको भी हमने सब भांति बचा लिया ।

तो हमने प्रकृति की विध्वंसक शक्ति पर तो रोक लगा दी और उसकी सृजनात्मक शक्ति पर अगर हम उसी अनुपात में रोक न लगाएं तो हम

प्रकृति का संतुलन नष्ट करने वाले सिद्ध होंगे ।

परमात्मा के खिलाफ कोई काम हो सकता है तो यह है कि प्रकृति का संतुलन नष्ट हो जाए । तो, जो लोग आज संख्या बढ़ा रहे हैं, जमीन की क्षमता से ज्यादा वे लोग परमात्मा के खिलाफ काम कर रहे हैं । क्योंकि, परमात्मा का संतुलन बिगाड़े दे रहे हैं ।

प्रकृति का संतुलन बचेगा, अगर प्रकृति की सृजनात्मक शक्तियों पर भी उसी अनुपात में रोक लगा दें, जिस अनुपात में विध्वंसक शक्तियों पर रोक लगा दी है । तो अनुपात वही होगा । और यह सुखद है बजाय इसके कि बच्चे पैदा हों और मरें बीमारी में, अकाल में, भूकंप में, युद्ध में । इससे ज्यादा उचित है कि वे पैदा ही न हों । क्योंकि, पैदा होने के बाद मरना, मारना, मरने देना अत्यंत दुःखद है । न पैदा करना कतई दुःखद नहीं है ।

इसलिए मैं यह कतई नहीं मानता हूं कि परिवार-नियोजन कोई परमात्मा के खिलाफ बात है ।

बल्कि, मैं यह मानता हूं कि इस वक्त जिनके भीतर से परमात्मा थोड़ी-बहुत आवाज दे रहा है, वे यह कहेंगे कि परिवार नियोजन परमात्मा का काम है ।

निश्चित ही परमात्मा का काम हर युग में बदल जाता है । क्योंकि, कल जो परमात्मा का काम था, जरूरी नहीं कि वह आज भी वही हो । युग बदलता है, परिस्थिति बदल जाती है तो काम भी बदल जाता है ।

अब सारी परिस्थितियां बदल गयी हैं और आदमी के हाथ इतनी शक्ति आ गयी है कि वह पृथ्वी को अत्यंत आनंदपूर्ण बना सकता है ।

सिर्फ एक चीज की रुकावट हो गयी है कि संख्या अत्यधिक हो गयी है, तो पृथ्वी नष्ट हो जाएगी । और बहुत-से प्राणी भी अपनी बहुत संख्या करके मर चुके हैं, आज उनका अवशेष भी नहीं मिलता । मनुष्य भी मर सकता है ।

इस समय वही मनुष्य धार्मिक है, जो मनुष्य की संख्या कम करने में सहयोगी हो रहा है ।

इस समय परमात्मा की दिशा में और मनुष्य की सेवा की दिशा में इससे

बड़ा कोई कदम नहीं हो सकता। इसलिए धार्मिक चित्त तो यही कहेगा कि परिवार नियोजन हो।

हां, यह हो सकता है कि... हम ऐसे बेईमान लोग हैं कि जो हमें करना होता है, उसके लिए हम भगवान का सहारा खोज लेते हैं। और, जो हमें नहीं करना होता, उसके लिए हम भगवान के सहारे की बात नहीं करते! जब हमें बीमारी होती है, तब हम अस्पताल जाते हैं; तब हम यह नहीं कहते कि बीमारी भगवान ने भेजी है, कैंसर, टी० बी० भगवान ने भेजे हैं। तब हम डाक्टर को खोजते हैं। और जब डाक्टर हमें खोजता हुआ आता है और कहता है इतने बच्चे नहीं, तब हम कहते हैं कि ये तो भगवान के भेजे हुए हैं।

तो, हमें इन दो में से कुछ एक तय करना होगा कि बीमारी भी भगवान की भेजी हुई है—मलेरिया भी, महामारी भी, प्लेग भी, अकाल भी, तब हमें इनमें मरने के लिए तैयार होना चाहिए। और, अगर हम कहते हैं कि ये भगवान के भेजे नहीं हैं, हम इनसे लड़ेंगे तो फिर हमें निर्णय लेना होगा कि फिर बच्चे भी जो हम कहते हैं, भगवान के भेजे हैं, उन पर हमें नियंत्रण करना जरूरी है।

मुझे एक घटना याद आती है।

इथोपिया में बड़ी संख्या में बच्चे मर जाते हैं, तो इथोपिया के सम्राट् ने एक अमेरिकन डाक्टरों के मिशन को बुलाया और जांच-पड़ताल करवाई कि क्या कारण है। तो पता चला कि इथोपिया में जो पानी पीने की व्यवस्था है, वह गंदी है। और पानी जो है, वह रोगाणुओं से भरा है। और लोग सड़क के किनारे के गंदे डबरों का ही पानी पीते रहते हैं। उसी में सब मल-मूत्र भी बहता रहता है और उसका पानी पीते हैं! वही उनकी बीमारियों और मृत्यु का बड़ा कारण है। साल भर की मेहनत के बाद उनके मिशन ने रिपोर्ट दी और सम्राट् को कहा कि पानी पीने की यह व्यवस्था बंद करवाइए, सड़क के किनारों के गड्ढों का पानी पीना बंद करवाइए और पानी की कोई नयी वैज्ञानिक व्यवस्था करवाइए।

तो इथोपिया के सम्राट् ने कहा कि मैंने समझ ली आपकी बातें और

कारण भी समझ लिया; लेकिन मैं यह नहीं करूंगा। क्योंकि, आज अगर हम यह इंतजाम कर लें, आदमियों को बीमारी से बचाने का, तो फिर कल इन्हीं लोगों को समझाना मुश्किल होगा कि परिवार नियोजन करो। इथोपिया के सम्राट् ने कहा, यह दोहरा झंझट हम न लेंगे। पहले हम इनको यह समझाएं कि तुम गंदा पानी मत पियो, इसमें झंझट झगड़ा होगा। बामुश्किल बहुत ख़र्च करके हम इनको राजी कर पाएंगे। तब जनसंख्या बढ़ेगी। तब हम इन्हें समझाएंगे दुबारा कि तुम बच्चे कम पैदा करो। तब उसने कहा, इससे यह जो हो रहा है, वही ठीक हो रहा है।

मैं भी समझता हूं कि यदि भगवान पर छोड़ना है तो फिर इथोपिया का सम्राट् ठीक कहता था, तो फिर हमें भी इसी के लिए राजी होना चाहिए। अस्पताल बंद, लोग गंदा पानी पिएं, बीमारी में रहें—फिर हम सब भगवान पर छोड़ दें—जितने जिएं, जिएं। इतना जरूर कहे देता हूं कि भगवान के हाथ में छोड़कर इतने आदमी दुनिया में कभी न बचे थे, जितने आदमी ने अपने हाथ में लेकर बचाए। इतने आदमी भगवान के हाथ में छोड़कर कभी न बचते।

इसलिए, जब हमने विध्वंस की शक्तियों पर रोक लगा दी तो हमें सृजन की शक्तियों पर भी रोक लगाने की तैयारी दिखानी चाहिए। और, इस तैयारी में परमात्मा का कोई विरोध नहीं हो रहा है। और न इसमें कोई धर्म का विरोध हो रहा है; क्योंकि धर्म है ही इसीलिए कि मनुष्य अधिकतम सुखी कैसे हो, इसका इंतजाम, इसकी व्यवस्था करनी है।

प्रश्नकर्ता : भगवानश्री, एक और प्रश्न है कि परिवार नियोजन जैसा अभी चल रहा है उसमें हम देखते हैं कि हिंदू ही उसका प्रयोग कर रहे हैं, और बाकी और धर्मों के लोग ईसाई, मुस्लिम, ये इसका कम उपयोग कर रहे हैं। तो ऐसा हो सकता है कि उनकी संख्या थोड़े वर्षों के बाद इतनी बढ़ जाए कि एक और पाकिस्तान मांग लें और तुर्किस्तान मांग लें और कुछ ऐसी मुश्किलें खड़ी हो जाएं। फिर पाकिस्तान या चीन है, वहां जनसंख्या पर रुकावट नहीं है, तो उसमें अधिक लोग हो जाएंगे और वे हम पर हमला करने की चेष्टा

रखते हैं तो हमारी जनसंख्या कम होने से हमारी ताकत कम हो जाए। तो, इसके बारे में आपके क्या खयाल हैं ?

भगवानश्री : इस संबंध में दो-तीन बातें खयाल में रखने की हैं।

पहली बात तो यह कि आज के वैज्ञानिक युग में जनसंख्या का कम होना, शक्ति का कम होना नहीं है। हालतें उल्टी हैं, हाल तो यह है कि जिस मुल्क की जनसंख्या जितनी ज्यादा है, वह टेक्नालॉजिकल दृष्टि से कमजोर है; क्योंकि इतनी बड़ी जनसंख्या के पालन-पोषण में, व्यवस्था में उसके पास अतिरिक्त संपत्ति बचने वाली नहीं है, जिससे वह एटम बम बनाए, हाइड्रोजन बम बनाए, सुपर बम बनाए, और चांद पर जाए। जितना गरीब देश होगा, आज वह उतना ही वैज्ञानिक दृष्टि से शक्तिहीन देश होगा।

आज तो वही देश शक्ति-संपन्न होगा, जिसके पास ज्यादा संपत्ति है, ज्यादा व्यक्ति नहीं।

वह जमाना गया, जब आदमी ताकतवर था, अब मशीन ताकतवर है। और मशीन उसी देश के पास अच्छी-से अच्छी हो सकेगी, जिस देश के पास जितनी संपन्नता होगी और संपन्नता उसी देश के पास ज्यादा होगी, जिसके पास प्राकृतिक साधन ज्यादा और जनसंख्या कम होगी।

तो, पहली बात यह है कि आज जनसंख्या शक्ति नहीं है और इसीलिए भ्रांति में पड़ने का कोई कारण नहीं है। चीन के पास चाहे जितनी जनसंख्या हो तो भी शक्तिशाली अमेरिका होगा। चीन के पास जितनी भी जनसंख्या हो तो भी छोटा-सा मुल्क इंग्लैंड शक्तिशाली है, और जापान जैसा मुल्क भी शक्तिशाली है। शक्ति का पूरा का पूरा आधार बदल गया है।

जब आदमी ही एक मात्र आधार था, तब तो ये बातें ठीक थीं कि जनसंख्या बड़ा मूल्य रखती थी। लेकिन अब आदमी से भी बड़ी शक्ति हमने पैदा कर ली है, जो मशीन की है। मशीन ताकत है। और उतना ही संपन्न हो सकता है, जितना ज्यादा जनसंख्या उसकी कम हो, ताकि उसके पास संपत्ति बच सके, लोगों को खिलाने, कपड़ा पहिनाने, इलाज कराने के बाद; ताकि उस शक्ति को वैज्ञानिक विकास करने में लगा सकें।

दूसरी बात यह समझने जैसी है कि संख्या कम होने से उतना बड़ा दुर्भाग्य नहीं टूटेगा, जितना बड़ा दुर्भाग्य संख्या के बढ़ जाने से बिना किसी हमले के टूट जाएगा। यानी हमले का तो कोई उपाय भी किया जा सकता है कि कोई बड़ा मुल्क हम पर हमला करे तो हम दूसरों से सहायता ले लें, लेकिन हमारे ही बच्चे हमलावर सिद्ध हो जाएं संख्या के अत्यधिक बढ़ जाने के कारण तो हम किसी की सहायता न ले सकेंगे। उस वक्त हम बिल्कुल असहाय हो जाएंगे।

इस वक्त युद्ध इतना बड़ा खतरा नहीं है, जितना बड़ा खतरा जनसंख्या विस्फोट का है। खतरा बाहर नहीं है कि हमें कोई मार डाले, वरन् जो हमारी उत्पादन क्षमता है बच्चों की, वही हमारे लिए सबसे बड़ा खतरा है—कि संख्या इतनी हो जाए कि हम सिर्फ मर जाएं इस कारण से कि न पानी हो, न भोजन हो, न रहने को जगह।

तीसरी बात यह कि जो हम सोचते हैं कि हिंदू अपनी संख्या कम कर लें तो मुसलमान से कम न हो जाएं, तो इस डर से हिंदू भी अपनी संख्या कम न करें। मुसलमान भी इस डर से अपनी संख्या कम न करें कि कहीं हिंदू ज्यादा न हो जाएं। ईसाई भी यही डर रखें। जैन भी यही डर रखें। सिक्ख भी यही डर रखें। तो इन सबके डर एक से हैं। तब परिणाम यह होगा कि मुल्क ही मर जाएगा तो, यह डर किसी को तो तोड़ना शुरू करना पड़ेगा। और जो समाज इस डर को तोड़ेगा, वह संपन्न हो जाएगा। मुसलमानों से उनके बच्चे ज्यादा स्वस्थ, ज्यादा शिक्षित होंगे, ज्यादा अच्छे मकानों में रहेंगे। वे दूसरे समाजों को जिनकी संख्या कीड़े-मकोड़ों की तरह बढ़ेगी, उनको पीछे छोड़कर आगे निकल जाएंगे। और, इसका परिणाम यह भी होगा कि दूसरे समाजों में भी स्पर्धा पैदा होगी इस खयाल से कि वे गलती कर रहे हैं।

आज दुनिया में यह बड़ा सवाल नहीं है कि हिंदू कम हो गए तो कोई हर्ज हो रहा है, कि मुसलमान ज्यादा हो गए तो उनको कोई फायदा हो रहा है। बड़ा सवाल यह है कि अगर इन सारे लोगों के दिमाग में यही खयाल भरा रहे तो यह पूरा मुल्क मर जाएगा। अगर यही विकल्प है कि हिंदू कम

हो जाएंगे और इससे हिंदुओं की संख्या को नुकसान पहुंचेगा। मुसलमान ज्यादा हो जाएंगे, ईसाई ज्यादा हो जाएंगे। तो भी मैं कहूंगा कि हिंदू अपने को कम कर लें और भारत को बचाने का श्रेय ले लें, चाहे खुद मिट जाएं। हालांकि इसकी कोई संभावना नहीं है। तो भी मैं कहूंगा कि मेरे लिए यह इतना बड़ा सवाल नहीं है, हिंदू-मुसलमान का, जितना बड़ा मेरे लिए एक दूसरा सवाल है।

जब तक हम परिवार नियोजन को स्वेच्छा पर छोड़े हुए हैं, तब तक खतरा एक दूसरा है कि जो जितना शिक्षित और उन्नत है, जो जितना संपन्न है, जिसकी बुद्धि विकसित है, वह तो राजी हो जाएगा स्वभावतः। वह तो आज परिवार नियोजन के लिए राजी हो जाएगा, सिर्फ बुद्धुओं को छोड़कर। बुद्धिमान तो राजी होंगे ही; क्योंकि परिवार नियोजन से उसके बच्चे ज्यादा सुखी होंगे, ज्यादा संपन्न होंगे, ज्यादा शिक्षित होंगे।

लेकिन खतरा यह है कि जो बुद्धिहीन वर्ग है—उसको न कोई शिक्षा है, न कोई ज्ञान है, न कोई सवाल है—वे समझ ही न पाएं और बच्चे पैदा करते चले जाएं। तो जो नुकसान हो सकता है लम्बे अर्थों में, वह यह हो सकता है कि अशिक्षित, अविकसित, पिछड़े हुए लोग ज्यादा बच्चे पैदा करें और शिक्षित व संपन्न लोग कम बच्चे पैदा करें तो मुल्क की प्रतिभा को ज्यादा नुकसान पहुंचे। यह हो सकता है।

इसलिए मेरी यह मान्यता है कि परिवार नियोजन की बात धीरे-धीरे अनिवार्य हो जानी चाहिए।

कहीं ऐसा न हो कि बुद्धिमान तो स्वीकार कर लें और गैर-बुद्धिमान न करें, तो वह अनिवार्य होना चाहिए। इसलिए मैं अनिवार्य परिवार नियोजन के पक्ष में हूं।

परिवार नियोजन किसी का स्वेच्छा पर नहीं छोड़ा जा सकता है।

यह तो ऐसा ही है कि जैसे हम हत्या को स्वेच्छा पर छोड़ दें कि जिसको करना हो करें, जिनको न करना हो न करें। डाके को स्वेच्छा पर छोड़ दें कि जिसको डाका डालना हो डाले, न डालना हो न डाले। सरकार समझाने की

कोशिश करेगी और देखती रहेगी। डाका भी आज उतना खतरनाक नहीं है, हत्या भी आज उतनी खतरनाक नहीं है, जितना जनसंख्या का बढ़ना।

इस जीवंत सवाल को इस तरह स्वेच्छा पर नहीं छोड़ा जाना चाहिए। और जब हम इसे स्वेच्छा पर नहीं छोड़ते तो यह हिंदू, मुसलमान, ईसाई का सवाल नहीं रह जाता। क्योंकि, सिक्ख को उसका गुरु समझा रहा है कि तुम कम हो जाओगे, मुसलमान ज्यादा हो जाएंगे। मुसलमान को मौलवी समझा रहा है कि तुम कम हो जाओगे, हिंदू ज्यादा हो जाएंगे। वही ईसाई पादरी भी सोच रहा है, वही हिंदू पंडित भी सोच रहा है। ये सब जो सोच रहे हैं, इनकी सोचने की वजह भी अनिवार्य परिवार नियोजन से मिट जाएगी।

यदि हम परिवार नियोजन कर देते हैं तो कोई हिंदू, मुसलमान, ईसाई का सवाल नहीं रह जाता है।

मेरे लिए तो सवाल यह है कि सैकड़ों वर्षों में कुछ लोग विकसित हो गए हैं और कुछ लोग अविकसित रह गए हैं। जो अविकसित वर्ग है, वह बच्चे ज्यादा छोड़ जाए तो देश की प्रतिभा और बुद्धिमत्ता को भारी नुकसान पहुंच सकता है। बुद्धिमत्ता को भारी नुकसान पहुंच सकता है। और वह नुकसान खतरनाक सिद्ध हो सकता है। इसलिए उस दृष्टि से मैं सारे सवाल को सोचता हूं कि केवल परिवार नियोजन ही न हो, बल्कि ऐसा लगता है कि वह अनिवार्य हो। एक भी व्यक्ति सिर्फ इसलिए न छोड़ जा सके कि वह राजी नहीं है। और यह हमें करना ही पड़ेगा। इसे बिना किए हम इन आने वाले 50 वर्षों में जिंदा नहीं रह सकते।

शक्ति के सारे मापदंड बदल गए हैं, यह हमें ठीक से समझ लेना चाहिए।

आज शक्तिशाली वह है जो संपन्न है और संपन्न वह है, जिसके पास जनसंख्या कम है और उत्पादन के साधन ज्यादा हैं।

आज मनुष्य न तो उत्पादन का साधन है, न शक्ति का साधन है। आज मनुष्य सिर्फ भोक्ता है, 'कंज्यूमर' है। मशीन पैदा करती है, जमीन पैदा करती है, मनुष्य खा रहा है।

और धीरे-धीरे जैसे-जैसे टेक्नोलॉजी विकसित होती है, आदमी की शक्ति का सारा मूल्य समाप्त हुआ जा रहा है। आदमी न हो तो भी चल सकता है। एक लाख आदमी जिस फैक्टरी में काम करते हों, उसे एक आदमी चला सकेगा। और हिरोशिमा में एक लाख आदमी मारना हो तो उन्हें एक आदमी मार सकेगा। पुराने जमाने में तो कम से कम एक लाख आदमी ले जाने पड़ते। अब तो कोई एक आदमी जाता है और एटम बम गिराकर उनको समाप्त कर देता है। कल यह भी हो सकता है कि एक आदमी को भी न जाना पड़े। कम्प्यूटराइज्ड आदेश, एक आदमी भर देगा मशीन में और काम हो जाएगा। आदमी की संख्या बिल्कुल महत्त्वहीन हो गयी है।

यह जरूरी नहीं है कि मेरी सारी बातें मान ली जाएं। इतना ही काफी है कि आप मेरी बात पर सोचें, विचार करें। अगर इस देश में सोच-विचार आ जाए तो शेष चीजें अपने आप छाया की तरह पीछे चली आएंगी।

मेरी बातें खयाल में लें और उस पर सूक्ष्मता से विचार करें तो हो सकता है कि आपको यह बोध आ जाए कि परिवार नियोजन की अनिवार्यता कोई साधारण बात नहीं है, जिसकी उपेक्षा की जा सके। वह जीवन की अनेक-अनेक समस्याओं की गहनतम जड़ों से संबंधित है। और, उसे क्रियान्वित करने की देरी पूरी मनुष्य-जाति के लिए आत्मघात सिद्ध हो सकती है।

प्रेम और विवाह

मनुष्य की आत्मा, मनुष्य के प्राण निरंतर ही परमात्मा को पाने के लिए आतुर हैं। लेकिन किस परमात्मा को? कैसे परमात्मा को? उसका कोई अनुभव, उसका कोई आकार, उसकी कोई दिशा मनुष्य को ज्ञात नहीं है, सिर्फ एक छोटा-सा अनुभव है, जो मनुष्य को ज्ञात नहीं है, सिर्फ एक छोटा-सा अनुभव है, जो मनुष्य को ज्ञात है। और जो परमात्मा की झलक दे सकता है। वह अनुभव प्रेम का अनुभव है।

जिसके जीवन में प्रेम की कोई झलक नहीं है, उसके जीवन में परमात्मा के आने की कोई संभावना नहीं है।

न तो प्रार्थनाएं परमात्मा तक पहुंचा सकती हैं, न धर्मशास्त्र पहुंचा सकते हैं, न मंदिर-मस्जिद पहुंचा सकते हैं, न कोई हिंदू और मुसलमानों के, ईसाइयों के, पारसियों के संगठन पहुंचा सकते हैं।

एक ही बात परमात्मा तक पहुंचा सकती है और वह यह कि प्राणों में प्रेम की ज्योति का जन्म हो जाए।

मंदिर और मस्जिद तो प्रेम की ज्योति को बुझाने का काम करते रहे हैं। जिन्हें हम धर्मगुरु कहते हैं, वे मनुष्य को मनुष्य से तोड़ने के लिए जहर फैलाते रहे। जिन्हें हम धर्मशास्त्र कहते हैं, वे घृणा और हिंसा के आधार और माध्यम

बन गए हैं।

जो प्रेम परमात्मा तक पहुंचा सकता था, वह अत्यंत उपेक्षित होकर जीवन के रास्ते के किनारे अंधेरे में कहीं पड़ा रह गया। इसलिए पांच हजार वर्षों से आदमी प्रार्थनाएं कर रहा है, भजन-पूजन कर रहा है, मस्जिदों और मंदिरों की मूर्तियों के सामने सिर टेक रहा है, लेकिन परमात्मा की कोई झलक मनुष्यता को उपलब्ध नहीं हो सकी। परमात्मा की कोई किरण मनुष्य के भीतर अवतरित नहीं हो सकी। कोरी प्रार्थनाएं हाथ में रह गयी हैं और आदमी रोज-रोज नीचे गिरता गया है और रोज-रोज अंधेरे में भटकता गया है। आनंद के केवल सपने हाथ में रह गए हैं। सच्चाइयां अत्यंत दुःखपूर्ण होती चली गयी हैं। आज तो आदमी करीब-करीब ऐसी जगह खड़ा हो गया है, जहां उसे यह खयाल भी लाना असंभव होता जा रहा है कि परमात्मा भी हो सकता है।

क्या आपने कभी सोचा है कि यह घटना कैसे घट गयी है? क्या नास्तिक इसके लिए जिम्मेदार हैं? या कि लोगों की आकांक्षाएं और अभीप्साएं परमात्मा की दिशा की तरफ जाना बंद हो गयी हैं? क्या वैज्ञानिक और भौतिकवादी लोगों ने परमात्मा के द्वार बंद कर दिए हैं?

नहीं, परमात्मा के द्वार इसलिए बंद हो गए हैं कि परमात्मा का एक ही द्वार था—प्रेम और उस प्रेम की तरफ हमारा कोई ध्यान ही नहीं रहा है! और भी अजीब और कठिन और आश्चर्य की बात यह हो गयी है कि तथाकथित धार्मिक लोगों ने मिल-जुलकर प्रेम की हत्या कर दी और मनुष्य को जीवन में इस भांति सुव्यवस्थित करने की कोशिश की गयी है कि उसमें प्रेम की किरण की संभावना ही न रह जाए।

प्रेम के अतिरिक्त मुझे कोई रास्ता नहीं दिखाई पड़ता है, जो प्रभु तक पहुंच सकता हो। और इतने लोग जो वंचित हो गए हैं, प्रभु तक पहुंचने से, वह इसीलिए कि वे प्रेम तक पहुंचने से ही वंचित रह गए हैं।

समाज की पूरी व्यवस्था अप्रेम की व्यवस्था है। परिवार का पूरा का पूरा केंद्र . . . अप्रेम केंद्र है। बच्चे के गर्भाधान, कंसेप्शन से लेकर उसकी मृत्यु

तक की सारी यात्रा अप्रेम की यात्रा है। और हम इसी समाज को, इसी परिवार को, इसी गृहस्थी को सम्मान दिए जाते हैं, अदब दिए जाते हैं, शोरगुल मचाए चले जाते हैं कि बड़ा पवित्र परिवार है, बड़ा पवित्र समाज है, बड़ा पवित्र जीवन है। यही परिवार और यही समाज और यही सभ्यता, जिसके गुणगान करते हम थकते नहीं हैं, मनुष्य को प्रेम से रोकने का कारण बन रहा है।

इस बात को थोड़ा समझ लेना जरूरी होगा। मनुष्यता के विकास में कहीं कोई बुनियादी भूल हो गयी है। यह सवाल नहीं है कि एकाध आदमी ईश्वर को पा ले। कोई कृष्ण, कोई राम, कोई बुद्ध, कोई क्राइस्ट ईश्वर को उपलब्ध हो जाए। यह कोई सवाल नहीं है। अरबों-खरबों लोगों में अगर एक आदमी में ज्योति उतर भी आती हो तो यह कोई विचार करने की बात नहीं है। इसमें तो कोई हिसाब रखने की जरूरत भी नहीं है।

एक माली एक बगीचा लगाता है। उसने दस करोड़ पौधे उस बगीचे में लगाए हैं और एक पौधे में एक अच्छा-सा फूल आ जाए, तो माली की प्रशंसा करने कौन जाए? कौन कहेगा कि माली तू बहुत कुशल है। तूने जो बगीचा लगाया है, वह बहुत अद्‌भुत है। देख, दस करोड़ वृक्षों में एक फूल खिल गया है। हम कहेंगे यह माली की कुशलता का सबूत नहीं है—एक फूल खिल जाना। माली की भूल-चूक से खिल गया होगा। क्योंकि बाकी सारे पेड़ खबर दे रहे हैं कि माली में कितना कौशल है। यह फूल माली के बावजूद खिल गया होगा। माली ने कोशिश की होगी कि न खिल पाए, क्योंकि बाकी सारे पौधे तो खबर दे रहे हैं कि माली के फूल कैसे खिले हैं!

खरबों लोगों के बीच कोई एकाध आदमी के जीवन में ज्योति जल जाती है और हम उसी का शोरगुल मचाते रहते हैं हजारों साल तक पूजा करते रहते हैं, उसी के मंदिर बनाते रहते हैं, उसी का गुणगान करते रहते हैं। अब तक हम रामलीला कर रहे हैं! अब तक हम बुद्ध की जयंती मना रहे हैं। अब तक महावीर की पूजा कर रहे हैं। अब तक क्राइस्ट के सामने घुटने टेके बैठे हुए हैं। यह किस बात का सबूत है?

यह इस बात का सबूत है कि पांच हजार साल में पांच-छः आदमियों के

अतिरिक्त आदमियत के जीवन में परमात्मा का कोई संपर्क नहीं हो सका। नहीं तो कभी के हम भूल गए होते राम को, कभी के भूल गए होते बुद्ध को, कभी के हम भूल गए होते महावीर को।

महावीर को हुए ढाई हजार साल हो गए। ढाई हजार साल में कोई आदमी नहीं हुआ कि महावीर को हम भूल सकते। महावीर को याद रखना पड़ा है। वह एक फूल खिला था, जिसे अब तक हमें याद रखना पड़ता है। यह कोई गौरव की बात नहीं है कि हमें अब तक स्मृति है बुद्ध की, महावीर की, राम की, मुहम्मद की, क्राइस्ट की या जरथुस्त्र की। यह इस बात का सबूत है कि और आदमी होते ही नहीं कि उनको हम भुला सकें। बस दो-चार इने-गिने नाम अटके रह गए हैं मनुष्य-जाति की स्मृति में।

और उन नामों के साथ हमने क्या किया है सिवाय उपद्रव के, हिंसा के। और उनकी पूजा करनेवाले लोगों ने क्या किया है सिवाय आदमी के जीवन को नरक बनाने के। मंदिरों और मस्जिदों के पुजारियों और पूजकों ने जमीन पर जितनी हत्याएं की हैं, और जितना खून बहाया है, और जीवन का जितना अहित किया है, उतना किसी ने भी नहीं किया है। जरूर कहीं कोई बुनियादी भूल हो गयी है; नहीं तो इतने पौधे लगें और फूल न आएं। यह बड़े आश्चर्य की बात है। कहीं भूल जरूर हो गयी है।

मेरी दृष्टि में प्रेम अब तक मनुष्य के जीवन का केंद्र नहीं बनाया जा सकता, इसीलिए भूल हो गयी है। और प्रेम केंद्र बनेगा भी नहीं, क्योंकि जिन चीजों के कारण प्रेम जीवन का केंद्र नहीं बन रहा है, हम उन्हीं चीजों का शोरगुल मचा रहे हैं, आदर कर रहे हैं, सम्मान कर रहे हैं, उन्हीं चीजों को बढ़ावा दे रहे हैं।

मनुष्य की जन्म से लेकर मृत्यु तक की यात्रा ही गलत हो गयी है। इस पर पुनर्विचार करना जरूरी है, अन्यथा सिर्फ हम कामनाएं कर सकते हैं और कुछ भी उपलब्ध नहीं हो सकता है। क्या आपको कभी यह बात खयाल में आयी है कि आपका परिवार प्रेम का शत्रु है? क्या कभी आपको यह बात खयाल में आयी है कि आपका समाज प्रेम का शत्रु है? क्या कभी आपको

यह बात कभी खयाल में आयी है कि मनु से लेकर आज तक के सभी नीतिकार प्रेम के विरोधी हैं ?

जीवन का केंद्र है—परिवार। और परिवार विवाह पर खड़ा किया गया है; जबकि परिवार प्रेम पर खड़ा होना चाहिए था। भूल हो गयी है। आदमी के सारे पारिवारिक विकास की भूल हो गयी है। परिवार निर्मित होना चाहिए प्रेम के केंद्र पर, किंतु परिवार निर्मित किया जाता है विवाह के केंद्र पर ! इससे ज्यादा झूठी और मिथ्या बात नहीं हो सकती है।

प्रेम और विवाह का क्या संबंध है ?

प्रेम से तो विवाह निकल सकता है, लेकिन विवाह से प्रेम नहीं निकलता और न ही निकल सकता है। इस बात को थोड़ा समझ लें तो हम आगे बढ़ सकें।

प्रेम परमात्मा की व्यवस्था है और विवाह आदमी की व्यवस्था है।

विवाह सामाजिक संस्था है, प्रेम प्रकृति का दान है।

प्रेम तो प्राणों के किसी कोने में अनजाने पैदा होता है।

लेकिन विवाह ? समाज, कानून नियमित करता है, स्थिर करता है, बनाता है।

विवाह आदमी की ईजाद है।

और प्रेम ? प्रेम परमात्मा का दान है।

हमने सारे परिवार को विवाह के केंद्र पर खड़ा कर दिया है, प्रेम के केंद्र पर नहीं। हमने यह मान रखा है कि विवाह कर देने से दो व्यक्ति प्रेम की दुनिया में उतर जाएंगे। अद्‌भुत झूठी बात है यह, और पांच हजार वर्षों में भी हमको इसका खयाल नहीं आ सका है ! हम अद्‌भुत अंधे हैं। दो आदमियों के हाथ बांध देने से प्रेम के पैदा हो जाने की जरूरत नहीं है, कोई अनिवार्यता नहीं है। बल्कि सच्चाई यह है कि जो लोग बंधा हुआ अनुभव करते हैं, वे आपस में प्रेम कभी नहीं कर सकते।

प्रेम का जन्म होता है स्वतंत्रता में। प्रेम का जन्म होता है स्वतंत्रता की भूमि में—जहां कोई बंधन नहीं, जहां कोई जबर्दस्ती नहीं है, जहां कोई कानून

नहीं है।

प्रेम तो व्यक्ति का अपना आत्मदान है—बंधन नहीं, जबर्दस्ती नहीं। उसके पीछे कोई विवशता, कोई मजबूरी नहीं है।

किंतु हम अविवाहित स्त्री या पुरुष के मन में, युवक और युवती के मन में उस प्रेम की पहली किरण का गला घोंटकर हत्या कर देते हैं, फिर हम कहते हैं कि विवाह से प्रेम पैदा होना चाहिए। फिर जो प्रेम पैदा होता है, वह बिल्कुल पैदा किया, कलटिवेटेड होता है, कोशिश से लाया गया होता है। वह प्रेम वास्तविक नहीं होता, वह प्रेम सहज-स्फूर्त, स्पांटेनिअस नहीं होता है। वह प्रेम प्राणों से सहज उठता नहीं है, फैलता नहीं है। जिसे हम विवाह से उत्पन्न प्रेम कहते हैं, वह प्रेम केवल सहवास के कारण पैदा हुआ मोह होता है। प्राणों की ललक और प्राणों का आकर्षण और प्राणों की विद्युत वहां अनुपस्थित होती है।

और इस तरह से परिवार बनता है। इस विवाह से पैदा हुआ परिवार और परिवार की पवित्रता की कथाओं का कोई हिसाब नहीं है! परिवार की प्रशंसाओं, स्तुतियों की कोई गणना नहीं है! और यहीं परिवार सबसे कुरूप संस्था साबित हुई है, पूरी मनुष्य जाति को विकृत करने में। प्रेम से शून्य परिवार मनुष्य को विकृत करने में, अधार्मिक करने में, हिंसक बनाने में सबसे बड़ी संस्था साबित हुई है। प्रेम से शून्य परिवार से ज्यादा असुंदर और कुरूप, अगलि कुछ भी नहीं है, और वही अधर्म का अड्डा बना हुआ है!

जब हम एक युवक और युवती को विवाह में बांधते हैं बिना प्रेम के, बिना आंतरिक परिचय के, बिना एक-दूसरे के प्राणों के संगीत के, तब हम केवल पंडित के मंत्रों और वेदों की पूजा में और थोथे उपक्रम में उनको विवाह से बांध देते हैं। फिर आशा करते हैं कि उनके जीवन में प्रेम पैदा हो जाएगा! प्रेम तो पैदा नहीं होता है, सिर्फ उनके संबंध कामुक, सेक्सुअल होते हैं। क्योंकि प्रेम तो पैदा किया जा सकता है। प्रेम पैदा हो जाय तो व्यक्ति साथ जुड़कर परिवार निर्माण कर सकता है। दो व्यक्तियों को परिवार के निर्माण के लिए जोड़ दिया जाए और फिर आशा की जाए कि प्रेम पैदा हो

जाए, यह नहीं हो सकता है।

जब प्रेम पैदा नहीं होता है, तो क्या परिणाम होते हैं, आपको पता है ?

एक-एक परिवार में कलह है। जिसको हम गृहस्थी कहते हैं, वह संघर्ष, कलह, द्वेष, ईर्ष्या और चौबीस घंटे उपद्रव का अड्डा बनी हुई है। लेकिन न मालूम हम कैसे अंधे हैं कि इसे देखते भी नहीं हैं ? बाहर जब हम निकलते हैं तो मुस्कराते हुए निकलते हैं। घर के सब आंसू पोंछकर बाहर जाते हैं—पत्नी भी हंसती हुई मालूम पड़ती है, पति भी हंसता हुआ मालूम पड़ता है। ये चेहरे झूठे हैं। ये दूसरों को दिखाई पड़ने वाले चेहरे हैं। घर के भीतर के चेहरे बहुत आंसुओं से भरे हुए हैं। चौबीस घंटे कलह और संघर्ष में जीवन बीत रहा है। फिर इस कलह और संघर्ष के परिणाम भी होंगे ही।

प्रेम के अतिरिक्त जगत के किसी व्यक्ति के जीवन में आत्मतृप्ति नहीं उपलब्ध होती।

प्रेम जो है, वह व्यक्तित्व की तृप्ति का चरमबिंदु है। और जब प्रेम नहीं मिलता है तो व्यक्तित्व हमेशा मांग करता है कि मुझे पूर्ति चाहिए। व्यक्तित्व हमेशा तड़फता हुआ अतृप्त, हमेशा अधूरा, बेचैन, रहता है। यह तड़फता हुआ व्यक्तित्व समाज में अनाचार पैदा करता है; क्योंकि तड़फता हुआ व्यक्तित्व प्रेम को खोजने निकलता है। उसे विवाह में प्रेम नहीं मिलता। वह विवाह के अतिरिक्त प्रेम को खोजने की कोशिश करता है।

वेश्याएं पैदा होती हैं विवाह के कारण।

विवाह है मूल, रूट। विवाह है जड़, वेश्याओं के पैदा करने की। और अब तक तो स्त्री वेश्याएं थीं, किंतु अब तो सभ्य मुल्कों में पुरुष वेश्याएं, मेल प्रास्टीट्यूट उपलब्ध हैं। वेश्याएं पैदा होंगी। क्योंकि परिवार में जो प्रेम उपलब्ध होना चाहिए था, वह नहीं उपलब्ध हो रहा है। आदमी दूसरे घरों में झांक रहा है उस प्रेम के लिए। वेश्याएं होंगी।

और अगर वेश्याएं रोक दी जाएंगी तो दूसरे परिवारों में पीछे के द्वारों से पाप के रास्ते निर्मित होंगे। इसीलिए तो सारे समाज ने यह तय कर लिया है कि कुछ वेश्याएं निश्चित कर दो, ताकि परिवारों का आचरण सुरक्षित

रहे। कुछ स्त्रियों को पीड़ा में डाल दो, ताकि बाकी स्त्रियां पतिव्रता बनी रहें, सती-सावित्री बनी रहें।

लेकिन जो समाज ऐसे अनैतिक उपाय खोजता है, जिस समाज में वेश्याओं जैसी अनैतिक संस्थाएं ईजाद करनी पड़ती हैं; जान लेना चाहिए कि वह पूरा समाज बुनियादी रूप से अनैतिक होगा। अन्यथा यह अनैतिक ईजाद की आवश्यकता नहीं थी।

वेश्या पैदा होती है, अनाचार पैदा होता है, व्यभिचार पैदा होता है, तलाक पैदा होते हैं। यदि तलाक न होता, न व्यभिचार होता, और न अनाचार होता, तो घर एक चौबीस घंटे का मानसिक तनाव, एंगजाइटी बन जाता।

सारी दुनिया में पागलों की संख्या बढ़ती गयी है। ये पागल परिवार के भीतर पैदा होते हैं।

सारी दुनिया में स्त्रियां हिस्टीरिया और न्यूरोसिस से पीड़ित हो रही हैं। विक्षिप्त, उन्माद से भरती चली जा रही हैं। बेहोश होती हैं, गिरती हैं, चिल्लाती हैं।

पुरुष पागल होते चले जा रहे हैं। एक घंटे में जमीन पर एक हजार आत्महत्याएं हो जाती हैं! और हम चिल्लाए जा रहे हैं—समाज हमारा बहुत महान् है, ऋषि-मुनियों ने निर्मित किया है। हम चिल्लाए जा रहे हैं कि बहुत सोच-समझकर समाज के आधार रखे गए हैं। कैसे ऋषि-मुनि और कैसे ये आधार! अभी एक घंटा मैं बोलूं, तो इस बीच एक हजार आदमी कहीं छुरा मार लेंगे, तो कहीं ट्रेन के नीचे लेट जाएंगे, तो कोई जहर पी लेगा! उन एक हजार लोगों की जिंदगी कैसी होगी, जो हर घंटे मरने को तैयार हो जाते हैं?

आप यह मत सोचना कि वे जो नहीं मरते हैं, वे बहुत सुखमय हैं। कुल जमा कारण यह है कि वे मरने की हिम्मत नहीं जुटा पाते। उनके सुख का कोई भी सवाल नहीं है, वे कायर हैं। मरने की हिम्मत नहीं जुटा पाते हैं, तो जिए चले जाते हैं, धक्के खाए चले जाते हैं। सोचते हैं, आज गलत है, तो कल ठीक हो जाएगा, परसों सब ठीक हो जाएगा। लेकिन मस्तिष्क उनके रुग्ण होते चले जाते हैं।

प्रेम के अतिरिक्त कोई आदमी कभी स्वस्थ नहीं हो सकता है ।

प्रेम जीवन में न हो तो मस्तिष्क रुग्ण होगा, चिंता से भरेगा, तनाव से भरेगा । आदमी शराब पिएगा, नशा करेगा, कहीं जाकर अपने को भूल जाना चाहेगा । दुनिया में बढ़ती हुई शराब शराबियों के कारण नहीं है । परिवार ने उस हालत में ला दिया है लोगों को कि बिना बेहोश हुए थोड़ी देर के लिए भी रास्ता मिलना मुश्किल हो गया है । तो लोग शराब पीने चले जाएंगे, लोग बेहोश पड़े रहेंगे, लोग हत्या करेंगे, लोग पागल होते जाएंगे ।

अमरीका में प्रतिदिन बीस लाख आदमी अपना मानसिक इलाज करवा रहे हैं । ये सरकारी आंकड़े हैं और आप तो भलीभांति जानते हैं, सरकारी आंकड़े कभी भी सही नहीं होते । बीस लाख सरकार कहती है, तो कितने लोग इलाज करा रहे होंगे, यह कहना मुश्किल है । जो अमरीका की हालत है, वह सारी दुनिया की हालत है ।

आधुनिक युग के मनसविद यह कहते हैं कि करीब-करीब चार आदमियों में दो आदमी एबनार्मल हो गए हैं । चार आदमियों में तीन आदमी रुग्ण हो गए हैं, स्वस्थ नहीं हैं । जिस समाज में चार आदमियों में तीन आदमी मानसिक रूप से रुग्ण हो जाते हों, उस समाज के आधारों को, उसकी बुनियादों को फिर से सोच लेना जरूरी है; नहीं तो कल चार आदमी भी रुग्ण होंगें और फिर सोचनेवाले भी शेष नहीं रह जाएंगे । फिर बहुत मुश्किल हो जाएगी ।

लेकिन होता ऐसा है कि जब एक ही बीमारी से सारे लोग ग्रसित हो जाते हैं, तो उस बीमारी का पता नहीं चलता । हम सब एक जैसे रुग्ण, बीमार, परेशान हैं; तो हमें पता बिल्कुल नहीं चलता है । सभी ऐसे हैं इसीलिए स्वस्थ मालूम पड़ते हैं । जब सभी ऐसे हैं, तो ठीक है । दुनिया चलती है, यही जीवन है । जब ऐसी पीड़ा दिखायी देती है तो हम ऋषि-मुनियों के वचन दोहराते हैं कि वह तो ऋषि-मुनियों ने पहले ही कह दिया है कि जीवन दुःख है ।

यह जीवन दुःख नहीं है, यह दुःख हम बनाए हुए हैं । वह तो पहले ही ऋषि-मुनियों ने कह दिया है कि जीवन तो असार है, इससे छुटकारा पाना

चाहिए। जीवन असार नहीं है, यह असार हमने बनाया हुआ है।

जीवन से छुटकारा पाने की सब बातें दो कौड़ी की हैं। क्योंकि जो आदमी जीवन से छुटकारा पाने की कोशिश करता है, वह प्रभु को कभी उपलब्ध नहीं हो सकता है। क्योंकि जीवन प्रभु है, जीवन परमात्मा है। जीवन में परमात्मा ही तो प्रकट हो रहा है। उससे जो दूर भागेगा, वह परमात्मा से ही दूर चला जाएगा।

जब एक-सी बीमारी पकड़ती है, तो किसी को पता नहीं चलता है। पूरी आदमियत जड़ से रुग्ण है, इसलिए पता नहीं चलता, तो दूसरी तरकीबें खोजते हैं इलाज की। मूलकारण, कैजुअलिटी जो है, बुनियादी कारण जो है, उसको सोचते नहीं; ऊपरी इलाज सोचते हैं। ऊपरी इलाज भी क्या सोचते हैं? एक आदमी शराब पीने लगता है जीवन से घबराकर। एक आदमी जाकर नृत्य देखने लगता है, वेश्या के घर बैठ जाता है जीवन से घबराकर। दूसरा आदमी सिनेमा में बैठ जाता है। तीसरा आदमी चुनाव लड़ने लगता है, ताकि भूल जाए सबको। चौथा आदमी मंदिर में जाकर भजन-कीर्तन करने लगता है। यह भजन-कीर्तन करनेवाला भी खुद के जीवन को भूलने की कोशिश कर रहा है। यह कोई परमात्मा को पाने का रास्ता नहीं है।

परमात्मा तो जीवन में प्रवेश से उपलब्ध होता है, जीवन से भागने से नहीं। ये सब पलायन, एस्केप हैं। एक आदमी मंदिर में भजन-कीर्तन कर रहा है हिल-डुल रहा है। हम कहते हैं कि भक्तजी बहुत आनंदित हो रहा है। भक्तजी आनंदित नहीं हो रहे हैं, भक्तजी किसी दुःख से भागे हुए हैं, वहां भुलाने की कोशिश कर रहे हैं। शराब का ही यह दूसरा रूप है। यह आध्यात्मिक नशा, स्प्रीचुअल इंटाक्सीकेशन, यह आध्यात्म के नाम से नयी शराबें हैं, जो सारी दुनिया में चलती हैं। इन लोगों ने भाग-भाग कर जिंदगी को बदला नहीं आज तक। जिंदगी वही की वही दुःख से भरी हुई है। और जब भी कोई दुःखी हो जाता है, वह भी उनके पीछे चला जाता है कि हमको भी गुरुमंत्र दे दें, हमारा भी कान फूंक दें कि हम भी इसी तरह सुखी हो जाएं जैसे आप हो गए हैं! लेकिन यह जिंदगी क्यों दुःख पैदा कर रही है, इसको

देखने के लिए, इसके विज्ञान को खोजने के लिए कोई भी जाता नहीं है !

मेरी दृष्टि में यह है कि जहां जीवन की शुरुआत होती है, वहीं कुछ गड़बड़ हो गयी है। वह गड़बड़ यह हो गयी है कि हमने मनुष्य-जाति पर प्रेम की जगह विवाह को थोप दिया है। यदि विवाह होगा तो ये सारे रूप पैदा होंगे। और जब दो व्यक्ति एक-दूसरे से बंध जाते हैं और उनके जीवन में कोई शांति और तृप्ति नहीं मिलती, तो वे दोनों एक-दूसरे पर क्रुद्ध हो जाते हैं कि तेरे कारण मुझे शांति नहीं मिल पा रही है। वे कहते हैं, 'तेरे कारण मुझे शांति नहीं मिल पा रही है।' वे एक-दूसरे को सताना शुरू करते हैं, परेशान करना शुरू करते हैं, और इसी हैरानी, इसी परेशानी, इसी कलह के बीच बच्चों का जन्म होता है। ये बच्चे पैदाइश से ही विकृत, परवर्टेड हो जाते हैं।

मेरी समझ में, मेरी दृष्टि में, मेरी धारणा में जिस दिन आदमी पूरी तरह आदमी के विज्ञान को विकसित करेगा, तो शायद आपको पता लगे कि दुनिया में बुद्ध, कृष्ण और क्राइस्ट जैसे लोग शायद इसीलिए पैदा हो सके हैं कि उनके मां-बाप ने जिस क्षण में संभोग किया था, उस समय वे अपूर्व प्रेम से संयुक्त हुए थे। प्रेम के क्षण में गर्भस्थापन, कंसेप्शन हुआ था। यह किसी दिन, जिस दिन जन्मविज्ञान पूरी तरह विकसित होगा, उस दिन शायद हमको यह पता चलेगा कि जो दुनिया में थोड़े-से अद्‌भुत लोग हुए—शांत, आनंदित, प्रभु को उपलब्ध—वे लोग वे ही हैं, जिनका पहला अणु प्रेम की दीक्षा से उत्पन्न हुआ था, जिनका पहला अणु प्रेम के जीवन में सराबोर पैदा हुआ था।

पति और पत्नी कलह से भरे हुए हैं, क्रोध से, ईर्ष्या से, एक-दूसरे के प्रति संघर्ष से, अहंकार से, एक-दूसरे की छाती पर चढ़े हुए हैं, एक-दूसरे के मालिक बनना चाह रहे हैं। इसी बीच उनके बच्चे पैदा हो रहे हैं। ये बच्चे किसी आध्यात्मिक जीवन में कैसे प्रवेश पाएंगे ?

मैंने सुना है, एक घर में एक मां ने अपने बेटे और छोटी बेटी को—वे दोनों बेटे और बेटी बाहर मैदान में लड़ रहे थे, एक-दूसरे पर घूंसेबाजी कर रहे थे—कहा कि अरे यह क्या करते हो ! कितनी बार मैंने समझाया कि लड़ा

मत करो, आपस में लड़ो मत। उस लड़के ने कहा, हम लड़ नहीं रहे हैं, हम तो 'मम्मी-डैडी' का खेल कर रहे हैं। वी आर नाट फाइटिंग, वी आर प्लेइंग मम्मी एंड डैडी। जो घर में रोज हो रहा है, वह हम दोहरा रहे हैं। यह खेल जन्म के क्षण से शुरू हो जाता है। इस संबंध में दो-चार बातें समझ लेनी बहुत जरूरी हैं।

मेरी दृष्टि में जब एक स्त्री और पुरुष परिपूर्ण प्रेम के आधार पर मिलते हैं, उनका संभोग होता है, उनका मिलन होता है, तो उस परिपूर्ण प्रेम के तल पर उनके शरीर ही नहीं मिलते हैं, उनका मानस भी मिलता है, उनकी आत्मा भी मिलती है। वे एक लयपूर्ण संगीत में डूब जाते हैं, वे दोनों विलीन हो जाते हैं, और शायद, शायद परमात्मा ही शेष रह जाता है उस क्षण में। उस क्षण जिस बच्चे का गर्भाधान होता है, वह बच्चा परमात्मा को उपलब्ध हो सकता है, क्योंकि प्रेम के क्षण का पहला कदम उसके जीवन में उठा लिया गया है।

लेकिन जो मां-बाप, पति और पत्नी आपस में द्वेष से भरे हैं, घृणा से भरे हैं, क्रोध से भरे हैं, कलह से भरे हैं वे भी मिलते हैं, लेकिन उनके शरीर मिलते हैं, उनकी आत्मा और प्राण नहीं मिलते। उनके शरीर के ऊपरी मिलन से जो बच्चे पैदा होते हैं, वे अगर शरीरवादी मैटीरियलिस्ट पैदा होते हों, बीमार और रुग्ण पैदा होते हों, और उनके जीवन में अगर आत्मा की प्यास पैदा न होती हो, तो दोष उन बच्चों पर मत देना। बहुत दिया जा चुका यह दोष। दोष देना उन मां-बाप को, जिनकी छवि लेकर वह जन्मते हैं, जिनका सब अपराध और जिनकी सब बीमारियां लेकर जन्मते हैं और जिनका सब क्रोध और घृणा लेकर जन्मते हैं। जन्म के साथ ही उनका पौधा विकृत हो जाता है। फिर इनको पिलाओ गीता, इनको समझाओ कुरान, इनसे कहो कि प्रार्थनाएं करो—जो झूठी हो जाती हैं, क्योंकि प्रेम का बीज ही शुरू नहीं हो सका तो प्रार्थनाएं कैसे शुरू हो सकती हैं?

जब एक स्त्री और पुरुष परिपूर्ण प्रेम और आनंद से मिलते हैं, तो वह मिलन एक आध्यात्मिक कृत्य, स्प्रीचुअल एक्ट हो जाता है। फिर उसका काम, सेक्स से कोई संबंध नहीं है। वह मिलन फिर कामुक नहीं है, वह

मिलन शारीरिक नहीं है। वह मिलन अनूठा है। वह उतना ही महत्त्वपूर्ण है, जितनी किसी योगी की समाधि। उतना ही महत्त्वपूर्ण है वह मिलन, जब दो आत्माएं परिपूर्ण प्रेम से संयुक्त होती है। उतना ही पवित्र है वह कृत्य—क्योंकि परमात्मा उसी कृत्य से जीवन को जन्म देता है, और जीवन को गति देता है।

लेकिन तथाकथित धार्मिक लोगों ने, तथाकथित झूठे समाज ने, तथाकथित झूठे परिवार ने यही समझाने की कोशिश की है कि सेक्स, काम, यौन, अपवित्र है, घृणित हैं। नितांत पागलपन की बातें हैं। अगर यौन घृणित और अपवित्र है, तो सारा जीवन अपवित्र और घृणित हो गया। अगर सेक्स पाप है तो पूरा जीवन पाप हो गया, पूरा जीवन निंदित कंडेम्ड हो गया। अगर जीवन ही पूरा निंदित हो जाएगा, तो कैसे प्रसन्न लोग उत्पन्न होंगे, कैसे सच्चे लोग उपलब्ध होंगे ? जब जीवन ही पूरा का पूरा पाप है, तो सारी रात अंधेरी हो गयी है। अब इसमें प्रकाश की किरण कहीं से लानी पड़ेगी।

मैं आपको बस एक ही बात कहना चाहता हूं कि एक नयी मनुष्यता के जन्म के लिए सेक्स की पवित्रता, सेक्स की धार्मिकता स्वीकार करनी अत्यंत आवश्यक है; क्योंकि जीवन उससे जन्मता है। परमात्मा उसी कृत्य से जीवन को जन्माता है।

परमात्मा ने जिसको जीवन की शुरूआत बनाया है, वह पाप नहीं हो सकता है, लेकिन आदमी ने उसे पाप कर दिया है !

जो चीज प्रेम से रहित है, वह पाप हो जाती है; जो चीज प्रेम से शून्य हो जाती है, वह अपवित्र हो जाती है। आदमी की जिंदगी में प्रेम नहीं रहा, इसलिए केवल कामुकता, सेक्सुअलटि रह गयी है, सिर्फ यौन रह गया है। वह यौन पाप हो गया है। वह यौन का पाप नहीं है, वह हमारे प्रेम के अभाव का पाप है और उस पाप से सारा जीवन शुरू होता है। फिर ये बच्चे पैदा होते हैं, फिर ये बच्चे जन्मते हैं।

स्मरण रहे, जो पत्नी अपने पति को प्रेम करती है, उसके लिए पति परमात्मा हो जाता है। शास्त्रों के समझाने से नहीं होती यह बात। जो पति

अपनी पत्नी से प्रेम करता है, उसके लिए पत्नी भी परमात्मा हो जाती है; क्योंकि प्रेम किसी को भी परमात्मा बना देता है। जिसकी तरफ उसकी आंखें प्रेम से उठती हैं, वही परमात्मा हो जाता है। परमात्मा का कोई और अर्थ नहीं है।

प्रेम की आंख सारे जगत को धीरे-धीरे परमात्ममय देखने लगती है।

लेकिन जो एक को ही प्रेम से भरकर नहीं देख पाता और सारे जगत को ब्रह्ममय देखने की बातें करता है, उसकी वे बातें झूठी हैं, उन बातों का कोई आधार और अर्थ नहीं है।

जिसने कभी एक को प्रेम नहीं किया, उसके जीवन में परमात्मा की कोई शुरुआत ही नहीं हो सकती, क्योंकि प्रेम के ही क्षण में पहली दफा कोई व्यक्ति परमात्मा हो जाता है। वह पहली झलक है प्रभु की। फिर उसी झलक को आदमी बढ़ाता है और एक दिन वही झलक पूरी हो जाती है। सारा जगत उसी रूप में रूपांतरित हो जाता है। लेकिन जिसने पानी की कभी बूंद नहीं देखी, वह कहता है मुझे सागर चाहिए, वह कहता है पानी की बूंद से मुझे कोई मतलब नहीं। पानी की बूंद का मैं क्या करूंगा? मुझे तो सागर चाहिए। उससे हम कहेंगे, 'तूने पानी की बूंद भी नहीं देखी, पानी की बूंद भी नहीं पा सका और सागर पाने चल पड़ा है, तो तू पागल है।' क्योंकि सागर क्या है? पानी की अनंत बूंदों का जोड़ है।

परमात्मा क्या है? प्रेम की अनंत बूंदों का जोड़ है।

तो प्रेम की अगर एक बूंद निंदित है तो पूरा परमात्मा निंदित हो गया। फिर हमारे झूठे परमात्मा खड़े होंगे, मूर्तियां खड़ी होंगी, पूजा-पाठ होंगे, सब बकवास होगी; लेकिन हमारे प्राणों का कोई अंतर-संबंध उससे नहीं हो सकता। और यह भी ध्यान में रख लेना जरूरी है कि स्त्री अपने पति को प्रेम करती है, जीवन-साथी को प्रेम करती है, तभी प्रेम के कारण, पूर्ण प्रेम के कारण ही वह ठीक अर्थों में मां बन पाती है। बच्चे पैदा कर लेने मात्र से कोई मां नहीं बन जाती। मां तो कोई स्त्री तभी बनती है और पिता कोई पुरुष तभी बनता है; जब कि उन्होंने एक-दूसरे को प्रेम किया हो।

जब पत्नी अपने पति को प्रेम करती है, अपने जीवन-साथी को प्रेम करती है तो बच्चे उसे अपने पति का पुनर्जन्म मालूम पड़ते हैं। वह फिर वही शक्ल है, फिर वही रूप है, फिर वही निर्दोष आंखें हैं; जो उसके पति में छिपी थीं, फिर प्रकट हुई हैं। उसने अगर अपने पति को प्रेम किया है तो वह अपने बच्चे को प्रेम करती है। बच्चे को किया गया प्रेम, पति को किए गए प्रेम की प्रतिध्वनि है। नहीं तो कोई बच्चे को प्रेम नहीं कर सकता है।

मां बच्चे को प्रेम नहीं कर सकती, जब तक उसने अपने पति को नहीं चाहा हो पूरे प्राणों से। क्योंकि वह बच्चे उसके पति की प्रतिकृतियां हैं, वह उसकी प्रतिध्वनियां हैं, यह पति ही फिर वापस लौट आया है। यह नया जन्म है उसके पति का। यह पति फिर पवित्र और नया होकर वापस लौट आया है।

लेकिन पति के प्रति अगर प्रेम नहीं है तो बच्चे के प्रति प्रेम कैसे होगा? ये बच्चे उपेक्षित हो गए हैं।

बाप भी तभी कोई बनता है, जब वह अपनी पत्नी को इतना प्रेम करता है कि पत्नी भी उसे परमात्मा दिखायी देती है, तब बच्चा फिर उसकी पत्नी का ही लौटता हुआ रूप है। पत्नी को जब उसने पहली दफा देखा था, तब वह जैसी निर्दोष थी, तब वह जैसी शांत थी, तब जैसी सुंदर थी, तब उसकी आंखें जैसी झील की तरह थीं; इन बच्चों में फिर वही आंखें वापस लौट आयी हैं। इन बच्चों में फिर वही चेहरा वापस लौट आया है। ये बच्चे फिर उसी छवि में नए होकर आ गए हैं—जैसे पिछले बसंत में फूल खिले थे, पिछले बसंत में पत्ते आए थे। फिर साल बीत गया। पुराने पत्ते गिर गए हैं। फिर नयी कोंपलें निकल आयी हैं। फिर नए पत्तों से वृक्ष भर गया है। फिर लौट आया बसंत। फिर सब नया हो गया है। लेकिन जिसने पिछले बसंत को ही प्रेम नहीं किया था, वह इस वसंत को कैसे प्रेम कर सकेगा?

जीवन निरंतर लौट रहा है। निरंतर जीवन का पुनर्जन्म चल रहा है। रोज नया होता चला जाता है, पुराने पत्ते गिर जाते हैं, नए आ जाते हैं। जीवन की यह सृजनात्मकता, क्रिएटिविटी ही तो परमात्मा है, यही तो प्रभु है। जो इसको

पहचानेगा, वही तो उसे पहचानेगा।

लेकिन न मां बच्चे को प्रेम कर पाती है, न पिता बच्चे को प्रेम कर पाता है और जब मां और बाप बच्चे को प्रेम नहीं कर पाते हैं, तो बच्चे जन्म से ही पागल होने के रास्ते पर संलग्न हो जाते हैं। उनको दूध मिलता है, कपड़े मिलते हैं, मकान मिलते हैं, लेकिन प्रेम नहीं मिलता है। प्रेम के बिना उनको परमात्मा नहीं मिल सकता है; और सब मिल सकता है।

अभी रूस का एक वैज्ञानिक बंदरों के ऊपर कुछ प्रयोग करता था। उसने कुछ नकली बंदरियां बनायीं। नकली बिजली के यंत्र, हाथ-पैर उनके बिजली के तारों का ढांचा। जो बंदर पैदा हुए, उनको नकली माताओं के पास धर दिया गया। नकली माताओं से वे चिपक गए। वे पहले दिन के बच्चे थे, उनको कुछ पता नहीं कि कौन असली है, कौन नकली। वे नकली मां के पास ले जाए गए। पैदा होते ही उसकी छाती से जाकर चिपक गए। नकली दूध है, वह उनके मुंह में जा रहा है, वे पी लेते हैं। वह चिपके रहते हैं। वह बंदरिया नकली है, वह हिलती रहती है, बच्चे समझते हैं मां उनको हिल-हिल कर झुला रही है। ऐसे बीच बंदर के बच्चों को नकली मां के पास पाला गया और उनको अच्छा दूध दिया गया। मां ने उनको अच्छी तरह हिलाया-डुलाया। मां कूदती-फांदती, सब करती। वे बच्चे स्वस्थ दिखाई पड़ते थे। फिर वे बड़े भी हो गए। लेकिन वे सब बंदर पागल निकले। वे सब असामान्य, एबनार्मल साबित हुए! उनको ... उनका शरीर अच्छा हो गया; लेकिन उनका व्यवहार विक्षिप्त हो गया!

वैज्ञानिक ... दूध मिला ... बड़े हैरान हुए कि इनको क्या हुआ? इनको सब तो मिला, फिर ये विक्षिप्त कैसे हो गए?

एक चीज जो वैज्ञानिक की लेबोरेटरी में नहीं पकड़ी जा सकी थी, वह उनको नहीं मिली—प्रेम उनको नहीं मिला जो उन 20 बंदरों की हालत हुई, वही साढ़े तीन अरब मनुष्यों की हो रही है। झूठी मां मिलती है, झूठा बाप मिलता है। नकली मां हिलाती रहती है, नकली बाप हिलता रहता है और ये बच्चे विक्षिप्त हो जाते हैं। और हम कहते हैं कि ये शांत नहीं होते, अशांत

होते चले जाते हैं। ये छुरेबाजी करते हैं, ये लड़कियों पर एसिड फेंकते हैं, ये कालेज में आग लगाते हैं, ये बस पर पत्थर फेंकते हैं, ये मास्टर को मारते हैं! मारेंगे, मारे बिना इनको कोई रास्ता नहीं। अभी थोड़ा-थोड़ा मारते हैं, कल और ज्यादा मारेंगे।

तुम्हारे कोई शिक्षक, तुम्हारे कोई नेता, तुम्हारे कोई धर्मगुरु इनको नहीं समझा सकेंगे। क्योंकि सवाल समझाने का नहीं है, आत्मा ही रुग्ण पैदा हो रही है। यह रुग्ण आत्मा प्यास पैदा करेगी, यह चीजों को तोड़ेगी, मिटायेगी। तीन हजार साल से जो चलती थी बात, वह चरम परिणति, क्लाइमैक्स पर पहुंच रही है। सौ डिग्री तक हम पानी को गरम करते हैं, पानी भाप बनकर उड़ जाता है। निन्यानबे डिग्री तक पानी बना रहता है, फिर सौ डिग्री पर भाप बनने लगता है।

सौ डिग्री पर पहुंच गया है आदमियत का पागलपन। अब वह भाप बनकर उड़ना शुरू हो रहा है। मत चिल्लाइए, मत परेशान होइए। बनने दीजिए भाप। आप उपदेश देते रहिए और आपके साधु-संत समझाया करें। अच्छी-अच्छी बातें और गीता की टीकाएं करते रहें। करते रहो प्रवचन-टीका गीता पर, और दोहराते रहो पुराने शब्दों को। ये भाप बननी बंद नहीं होगी। ये भाप बननी तब बंद होगी, जब जीवन की पूरी प्रक्रिया को हम समझेंगे कि कहीं कोई भूल हो रही है, कहीं कोई भूल हुई है।

और वह कोई आज की भूल नहीं है। चार-पांच हजार साल की भूल है, जो शिखर क्लाइमैक्स पर पहुंच गयी है; इसलिए मुश्किल खड़ी हुई जा रही है। ये प्रेम रिक्त बच्चे जन्मते हैं और प्रेम से रिक्त हवा में पाले जाते हैं। फिर यही नाटक ये दोहराएंगे—मम्मी और डैडी का पुराना खेल। वे फिर बड़े हो जाएंगे, फिर वे यह नाटक दोहराएंगे, फिर वे विवाह में बांधे जाएंगे; क्योंकि समाज प्रेम को आज्ञा नहीं देता। न मां पसंद करती है कि मेरी लड़की किसी को प्रेम करे। न बाप पसंद करते हैं कि मेरा बेटा किसी को प्रेम करे। न समाज पसंद करता है कि कोई किसी को प्रेम करे। वह कहता है प्रेम तो होना ही नहीं चाहिए। प्रेम तो पाप है। वह तो बिल्कुल ही योग्य बात नहीं है।

विवाह होना चाहिए। फिर प्रेम नहीं होगा। सिर्फ फिर विवाह होगा। वही पहिया पूरा-का-पूरा घूमता रहेगा।

आप कहेंगे कि जहां प्रेम होता है, वहां भी कोई बहुत अच्छी हालत नहीं मालूम होती। नहीं मालूम होगी, क्योंकि प्रेम को आप जिस भांति मौका देते हैं, उसमें प्रेम एक चोरी की तरह होता है, प्रेम एक सीक्रेसी की तरह होता है। प्रेम करने वाले डरते हुए प्रेम करते हैं, घबराए हुए प्रेम करते हैं। चोरों की तरह प्रेम करते हैं। अपराधी की तरह प्रेम करते हैं। सारा समाज उनके विरोध में है, सारे समाज की आंखें उन पर लगी हुई हैं। सारे समाज के विद्रोह में वे प्रेम करते हैं। यह प्रेम भी स्वस्थ नहीं है। प्रेम के लिए स्वस्थ हवा नहीं है। इसके परिणाम भी अच्छे नहीं हो सकते।

प्रेम के लिए समाज को हवा पैदा करनी चाहिए। मौका पैदा करना चाहिए। अवसर पैदा करना चाहिए। प्रेम की शिक्षा दी जानी चाहिए, दीक्षा दी जानी चाहिए।

प्रेम की तरफ बच्चों को विकसित किया जाना चाहिए, क्योंकि वही उनके जीवन का आधार बनेगा, वही उनके पूरे जीवन का केंद्र बनेगा। उसी केंद्र से उनका जीवन विकसित होगा।

लेकिन अभी प्रेम की कोई बात ही नहीं है, उससे हम दूर खड़े रहते हैं, आंखें बंद किए खड़े रहते हैं। न मां बच्चे से प्रेम की बात करती है, न बाप। न उन्हें कोई सिखाता है कि प्रेम जीवन का आधार है। न उन्हें कोई निर्भय बनाता है कि तुम प्रेम के जगत में निर्भय होना। न कोई उनसे कहता है कि जब तक तुम्हारा किसी से प्रेम न हो, तब तक तुम विवाह मत करना, क्योंकि वह विवाह गलत होगा, झूठा होगा, पाप होगा। वह सारी कुरूपता की जड़ होगा और सारी मनुष्यता को पागल करने का कारण होगा।

अगर मनुष्य-जाति को परमात्मा के निकट लाना है, तो पहला काम परमात्मा की बात मत करिए। मनुष्य-जाति को प्रेम के निकट ले आइए। जीवन जोखिम भरा है। न मालूम कितने खतरे हो सकते हैं। जीवन की बनी-बनायी व्यवस्था में न मालूम कितने परिवर्तन करने पड़ सकते हैं।

लेकिन न करेंगे परिवर्तन, तो यह समाज अपने ही हाथ मौत के किनारे पहुंच गया है, इसलिए मर जाएगा। यह बच नहीं सकता। प्रेम से रिक्त लोग ही युद्धों को पैदा करते हैं। प्रेम से रिक्त लोग ही अपराधी बनते हैं। प्रेम से रिक्तता ही अपराध, क्रिमीनलिटी की जड़ है और सारी दुनिया में अपराधी फैलते चले जाते हैं।

जैसे मैंने आपसे कहा कि अगर किसी दिन जन्म-विज्ञान पूरा विकसित होगा, तो हम शायद पता लगा पाएं कि कृष्ण का जन्म किन स्थितियों में हुआ। किस समस्वरता, हारमनी में कृष्ण के मां-बाप ने, किस प्रेम के क्षण में गर्भ-स्थापन, कंसैप्शन किया इस बच्चे का। किस प्रेम के क्षण में यह बच्चा अवतरित हुआ। तो शायद हमें दूसरी तरफ यह भी पता चल जाए कि हिटलर किस अप्रेम के क्षण में पैदा हुआ होगा। मुसोलिनी किस क्षण पैदा हुआ होगा। तैमूरलंग, चंगेज खां किस अवसर पर पैदा हुए होंगे।

हो सकता है यह पता चले कि चंगेज खां संघर्ष, घृणा और क्रोध से भरे मां-बाप से पैदा हुआ हो। जिंदगी भर फिर वह क्रोध से भरा हुआ है। वह जो क्रोध का मौलिक वेग, ओरिजिनल मोमेंटम है वह, उसको, जिंदगी भर दौड़ाए चला जा रहा है। चंगेज खां जिस गांव में गया, लाखों लोगों को कटवा दिया।

तैमूरलंग जिस राजधानी में जाता, दस-दस हजार बच्चों की गर्दनें कटवा देता, भाले में छिदवा देता। जुलूस निकालता तो दस हजार बच्चों की गर्दनें लटकी हुई हैं भालों के ऊपर। पीछे तैमूर जा रहा है। लोग पूछते, यह तुम क्या करते हो? तो वह कहता कि ताकि लोग याद रखें कि तैमूर कभी इस नगरी में आया था। इस पागल को याद रखने की और कोई बात समझ नहीं पड़ती थी!

हिटलर ने जर्मनी में साठ लाख यहूदियों की हत्या की! पांच सौ यहूदी रोज़ मारता रहा! स्टैलिन ने रूस में साठ लाख लोगों की हत्या की!

जरूर इनके जन्म के साथ कोई गड़बड़ हो गयी। जरूर ये जन्म के साथ ही पागल पैदा हुए। उन्माद इनके जन्म के साथ इनके खून में आया और फिर

वे इसको फैलाते चले गए।

पागलों में बड़ी ताकत होती है ! पागल कब्जा कर लेते हैं और दौड़कर हावी हो जाते हैं—धन पर, पद पर, यश पर, फिर वे सारी दुनिया को विकृत करते हैं। पागल ताकतवर होते हैं।

यह जो पागलों ने दुनिया बनायी है, यह दुनिया तीसरे महायुद्ध के करीब आ गयी है। सारी दुनिया मरेगी। पहले महायुद्ध में साढ़े तीन करोड़ लोगों की हत्या की गयी, दूसरे महायुद्ध में साढ़े सात करोड़ लोगों की हत्या की गयी, अब तीसरे में कितनी की जाएगी ?

मैंने सुना है, जब आइंस्टीन भगवान के घर पहुंच गया तो भगवान ने उससे पूछा कि मैं बहुत घबराया हुआ हूं। तीसरे महायुद्ध के संबंध में कुछ बताओगे ? क्या होगा ? उसने कहा, तीसरे के बाबत कहना मुश्किल है, चौथे के संबंध में कुछ जरूर बता सकता हूं। भगवान ने कहा, तीसरे के बाबत नहीं बता सकते तो चौथे के बाबत कैसे बताओगे ? आइंस्टीन ने कहा, एक बात बता सकता हूं, चौथे के बाबत, कि चौथा महायुद्ध कभी नहीं होगा; क्योंकि तीसरे में सब आदमी समाप्त हो जाएंगे। चौथे के होने की कोई संभावना नहीं है। और तीसरे के बाबत कुछ भी कहना मुश्किल है कि साढ़े तीन अरब पागल आदमी क्या करेंगें ? तीसरे महायुद्ध में कुछ नहीं कहा जा सकता कि क्या स्थिति होगी !

प्रेम से रहित मनुष्य मात्र एक दुर्घटना है—मैं अंत में यह बात निवेदन करना चाहता हूं।

मेरी बातें बड़ी अजीब लगी होंगी; क्योंकि ऋषि-मुनि इस तरह की बातें करते ही नहीं। मेरी बात बहुत अजीब लगी होगी। आपने सोचा होगा कि भजन-कीर्तन का कोई नुस्खा बताऊंगा। आपने सोचा होगा कि मैं कोई माला फेरने की तरकीब बताऊंगा। आपने सोचा होगा कि मैं कोई आपको ताबीज दे दूंगा, जिसको बांधकर आप परमात्मा से मिल जाएं। ऐसी कोई बात मैं आपको नहीं बता सकता हूं। ऐसे बताने सब वाले बेईमान हैं, धोखेबाज हैं। समाज को उन्होंने बहुत बर्बाद किया है।

समाज की जिंदगी को समझने के लिए मनुष्य के पूरे विज्ञान को समझना जरूरी है। परिवार को, दंपत्ति को, समाज को—उसकी पूरी व्यवस्था को समझना जरूरी है कि कहां क्या गड़बड़ हुई है। अगर सारी दुनिया यह तय कर ले कि हम पृथ्वी में एक प्रेम का घर बनाएंगे, झूठे विवाह का नहीं। हां, प्रेम से विवाह निकले तो वह सच्चा विवाह होगा। हम सारी दुनिया को प्रेम का एक मंदिर बनाएंगे। जितनी कठिनाइयां होंगी, मुश्किलें होंगी, अव्यवस्था होगी, उसको संभालने का हम कोई उपाय खोजेंगे। उस पर विचार करेंगे। लेकिन दुनिया से हम यह अप्रेम का जो जाल है, इसको तोड़ देंगे। और प्रेम की एक दुनिया बनाएंगे, तो शायद पूरी मनुष्य-जाति बच सकती है और स्वस्थ हो सकती है।

जोर देकर मैं आपको यह कहना चाहता हूं कि अगर सारे जगत में प्रेम के केंद्र पर परिवार बन जाए तो अति-मानव, सुपरमैन की कल्पना, जो हजारों वर्षों से रही है, आदमी को महामानव बनाने की—वह जो नीत्शे कल्पना करता है, अरविंद कल्पना करते हैं—यह कल्पना पूरी हो सकती है। लेकिन न तो अरविंद की प्रार्थनाओं से और न नीत्शे के द्वारा पैदा गए सिद्धांत से वह सपना पूरा हो सकता है।

अगर पृथ्वी पर हम प्रेम की प्रतिष्ठा को वापस लौटा लाएं, अगर प्रेम जीवन में वापस लौट आए, सम्मानित हो जाए, अगर प्रेम एक आध्यात्मिक मूल्य ले ले, तो नए मनुष्य का निर्माण हो सकता है—नयी संतति का, नयी पीढ़ियों का, नए आदमी का। और वह आदमी, वह बच्चा, वह भ्रूण जिसका पहला अणु प्रेम से जन्मेगा, विश्वास किया जा सकता है, आश्वासन दिया जा सकता है कि उसकी अंतिम सांस परमात्मा में निकलेगी।

प्रेम है प्रारंभ। परमात्मा है अंत। वह अंतिम सीढ़ी है।

जो प्रेम को ही नहीं पाता है, वह परमात्मा को पा ही नहीं सकता, यह असंभावना है।

लेकिन जो प्रेम में दीक्षित हो जाता है और प्रेम में विकसित हो जाता है और प्रेम की सांसों में चलता है और प्रेम के फूल जिसकी सांस बन जाते हैं

और प्रेम जिसका अणु-अणु बन जाता है और जो प्रेम में बढ़ता जाता है, फिर एक दिन वह पाता है कि प्रेम की जिस गंगा में वह चला था, वह गंगा अब किनारे छोड़ रही है और सागर बन रही है। एक दिन वह पाता है कि गंगा के किनारे मिटते जाते हैं और अनंत सागर आ गया सामने। छोटी-सी गंगा की धारा थी गंगोत्री में, छोटी-सी प्रेम की धारा होती है शुरू में। फिर वह बढ़ती है, फिर वह बड़ी होती है, फिर वह पहाड़ों और मैदानों को पार करती है और एक वक्त आता है कि किनारे छूटने लगते हैं।

जिस दिन प्रेम के किनारे छूट जाते हैं, उसी दिन प्रेम परमात्मा बन जाता है। जब तक प्रेम के किनारे होते हैं, तब तक वह परमात्मा नहीं होता है। गंगा नदी होती है, जब तक कि वह इस जमीन के किनारे से बंधी होती है.। फिर किनारे छूटते हैं और वह सागर से मिल जाती है। फिर वह परमात्मा से मिल जाती है।

प्रेम की सरिता और परमात्मा का सागर है। लेकिन हम प्रेम की सरिता ही नहीं हैं, हम प्रेम की नदियां ही नहीं हैं। और हम बैठे हैं हाथ जोड़े और प्रार्थनाएं कर रहे हैं कि हमको भगवान चाहिए। जो सरिता नहीं है, वह सागर को कैसे पाएगी ?

सारी मनुष्य-जाति के लिए पूरा आंदोलन चाहिए। पूरी मनुष्य-जाति के आमूल परिवर्तन की जरूरत है। पूरा परिवार बदलने की जरूरत है। बहुत कुरूप है हमारा परिवार। वह बहुत सुंदर हो सकता है, लेकिन केवल प्रेम के केंद्र पर ही। पूरे समाज को बदलने की जरूरत है और तब एक धार्मिक मनुष्यता पैदा हो सकती है।

प्रेम प्रथम, परमात्मा अंतिम।

और क्यों यह प्रेम परमात्मा पर पहुंच जाता है ?

क्योंकि प्रेम है बीज और परमात्मा है वृक्ष। प्रेम का बीज ही फिर फूटता है और वृक्ष बन जाता है।

सारी दुनिया की स्त्रियों से मेरा कहने का यह मन होता है और खासकर स्त्रियों से, क्योंकि पुरुष के लिए प्रेम अन्य बहुत-सी जीवन की दिशाओं में

एक दिशा है। स्त्री के लिए प्रेम अकेली दिशा है। पुरुष के लिए प्रेम और बहुत-से जीवन आयामों में एक आयाम है। उसके और भी आयाम हैं व्यक्तित्व के, लेकिन स्त्री का एक ही आयाम, एक ही दिशा है—वह है प्रेम। स्त्री पूरी प्रेम है। पुरुष प्रेम भी है और दूसरी चीज भी है।

अगर स्त्री का प्रेम विकसित हो तो वह समझे, प्रेम की कीमिया, प्रेम का रसायन! और बच्चों को दीक्षा दे प्रेम की और प्रेम के आकाश में उठने की शिक्षा दे, उनको पंखों को मजबूत करे। लेकिन अभी तो हम काट देते हैं पंख कि विवाह की जमीन पर सरको, प्रेम के आकाश में मत उड़ना। जरूर आकाश में उड़ना जोखिम का होता है और जमीन पर चलना जोखिम का नहीं होता है। लेकिन जो जोखिम नहीं उठाते हैं, वे जमीन पर रेंगने वाले कीड़े हो जाते हैं। जो जोखिम उठाते हैं, वे दूर अनंत आकाश में उड़ने वाले बाज पक्षी सिद्ध होते हैं।

आदमी रेंगता हुआ कीड़ा हो गया है, क्योंकि हम सिखा रहे हैं, कोई भी जोखिम, रिस्क न उठाना, कोई खतरा, डेंजर मत उठाना। अपने घर का दरवाजा बंद करो और जमीन पर सरको। आकाश में मत उड़ना। जब कि होना यह चाहिए कि हम प्रेम की जोखिम सिखाएं, प्रेम का खतरा सिखाएं, प्रेम का अभय सिखाएं और प्रेम के आकाश में उड़ने के लिए पंखों को मजबूत करें। और चारों तरफ जहां भी प्रेम पर हमला होता हो उसके खिलाफ खड़े हो जाएं, प्रेम को मजबूत करें, ताकत दें।

प्रेम के जितने दुश्मन खड़े हैं दुनिया में, उनमें नीति-शास्त्री भी हैं। थोथे हैं वे नीति-शास्त्र, क्योंकि प्रेम के विरोध में जो हो, वह क्या नीति-शास्त्री होगा? साधु-संन्यासी खड़े हैं प्रेम के विरोध में, क्योंकि वे कहते हैं कि यह सब पाप है, यह सब बंधन है, इसको छोड़ो और परमात्मा की तरफ चलो।

जो आदमी कहता है कि प्रेम को छोड़कर परमात्मा की तरफ चलो, वह परमात्मा का शत्रु है, क्योंकि प्रेम के अतिरिक्त परमात्मा की तरफ जाने का कोई रास्ता ही नहीं है।

बड़े-बूढ़े भी खड़े हैं प्रेम के विपरीत, क्योंकि उनका अनुभव कहता है

कि प्रेम खतरा है। लेकिन अनुभवी लोगों से जरा सावधान रहना, क्योंकि जिंदगी में कभी कोई नया रास्ता वे नहीं बनने देते। वे कहते हैं कि पुराने रास्ते का हमें अनुभव है, हम पुराने रास्ते पर चले हैं, उसी पर सबको चलना चाहिए।

लेकिन जिंदगी को रोज़ नया रास्ता चाहिए। जिंदगी रेल की पटरियों पर दौड़ती हुई रेलगाड़ी नहीं है कि बनी पटरियों पर दौड़ती रहे। यदि दौड़ेगी तो एक मशीन हो जाएगी। जिंदगी तो एक सरिता है, जो रोज़ एक नया रास्ता बना लेती है पहाड़ों में, मैदानों में, जंगलों में। अनूठे रास्ते से निकलती है, अनजान जगत में प्रवेश करती है और सागर तक पहुंच जाती है।

नारियों के सामने आज एक ही काम है। वह काम यह नहीं है कि अनाथ बच्चों को पढ़ा रही हैं बैठकर। तुम्हारे बच्चे भी तो सब अनाथ हैं। नाम के लिए वे तुम्हारे बच्चे हैं। न उनकी मां है, न उनका बाप। समाज-सेवक स्त्रियां सोचती हैं कि अनाथ बच्चों का अनाथालय खोल दिया, बहुत बड़ा काम कर दिया। उनको पता नहीं कि तुम्हारे बच्चे भी अनाथ हैं। तुम दूसरों के अनाथ बच्चों को शिक्षा देने जा रही हो, तो तुम पागल हो। तुम्हारे बच्चे खुद अनाथ, ऑरफंस हैं, कोई नहीं उनका—न तुम हो, न तुम्हारे पति हैं। न उनकी मां है और न उनका बाप है, क्योंकि वह प्रेम ही नहीं है, जो उनको सनाथ बनाता।

सोचते हैं हम कि आदिवासी बच्चों को जाकर शिक्षा दें। तुम आदिवासी बच्चों को जाकर शिक्षा दो और तुम्हारे बच्चे धीरे-धीरे आदिवासी हुए चले जा रहे हैं। ये जो बीटल हैं, बीटनिक हैं; फलां हैं, ढिकां हैं; ये फिर से आदमी के आदिवासी होने की शक्लें हैं। तुम सोचते हो, स्त्रियां सोचती हैं कि जाएं और सेवा करें।

जिस समाज में प्रेम नहीं है, उस समाज में सेवा कैसे की जा सकती है?

सेवा तो प्रेम की सुगंध है।

मैं तो एक ही बात आज कहना चाहूंगा। आज तो सिर्फ एक धक्का आपको दे देना चाहूंगा, ताकि आपके भीतर चिंतन शुरू हो जाए। हो सकता है मेरी बातें आपको बुरी लगें। लगें तो बहुत अच्छा है। हो सकता है मेरी

बातों से आपको चोट लगे, तिलमिलाहट पैदा हो। भगवान करें जितनी ज्यादा हो जाए, उतना अच्छा है, क्योंकि उससे कुछ सोच-विचार पैदा होगा।

हो सकता है मेरी सब बातें गलत हों, इसलिए मेरी बात मान लेने की कोई जरूरत नहीं है। लेकिन मैंने जो कहा है, उस पर आप सोचना। मैं फिर दोहरा देता हूं दो-चार सूत्रों को और कहकर अपनी बात पूरी किए देता हूं।

आज तक मनुष्य का समाज, प्रेम के केंद्र पर निर्मित नहीं है, इसीलिए विक्षिप्तता है, इसीलिए पागलपन है, इसीलिए युद्ध है, इसीलिए आत्महत्याएं हैं, इसीलिए अपराध हैं। प्रेम की जगह आदमी ने एक झूठा स्थानापन्न, सब्स्टीट्यूट विवाह का ईजाद कर लिया है। विवाह के कारण वेश्याएं हैं, गुंडे हैं। विवाह के कारण शराबी हैं, विवाह के कारण बेहोशियां हैं। विवाह के कारण भागे हुए संन्यासी हैं, विवाह के कारण मंदिरों में भजन करने वाले झूठे लोग हैं। जब तक विवाह है, तब तक यह रहेगा।

मैं यह नहीं कह रहा हूं कि विवाह मिट जाए, मैं यह कह रहा हूं कि विवाह प्रेम से निकले। विवाह से प्रेम नहीं निकलता है। प्रेम से विवाह निकले तो शुभ है, और विवाह से प्रेम को निकालने की कोशिश की जाए तो यह प्रेम झूठा होगा, क्योंकि जबर्दस्ती कभी भी कोई प्रेम नहीं निकाला जा सकता है। प्रेम या तो निकलता है या नहीं निकलता है, जबर्दस्ती नहीं निकाला जा सकता है।

तीसरी बात मैंने यह कही कि जो मां-बाप प्रेम से भरे हुए नहीं हैं, उनके बच्चे जन्म से ही विकृत, परवर्टेड, एब्नार्मल, रुग्ण और बीमार पैदा होंगे। मैंने यह कहा, जो मां-बाप, जो पति-पत्नी, जो प्रेमी युगल प्रेम के संभोग में लीन नहीं होते हैं, वे केवल उन बच्चों को पैदा करेंगे जो शरीरवादी होंगे, भौतिकवादी होंगे। उनकी जीवन की आंख, पदार्थ से ऊपर कभी नहीं उठेगी, वे परमात्मा को देखने के लिए अंधे पैदा होंगे। आध्यात्मिक रूप से अंधे बच्चे हम पैदा कर रहे हैं।

मैंने आपसी चौथी बात यह कही कि मां-बाप अगर एक-दूसरे को प्रेम करते हैं तो ही वे बच्चों के मां-बाप बनेंगे; क्योंकि बच्चे उनकी ही

प्रतिध्वनियां हैं । वे आया हुआ नया बसंत हैं । वे फिर से जीवन के दरख्त पर लगी हुई कोंपले हैं । लेकिन जिसने पुराने बसंत को प्रेम नहीं किया, वह नए बसंत को कैसे प्रेम करेगा ?

और मैंने अंतिम बात यह कही कि प्रेम शुरुआत है और परमात्मा अंतिम विकास है । प्रेम में जीवन शुरू हो तो परमात्मा में पूर्ण होता है । प्रेम बीज बने तो परमात्मा अंतिम वृक्ष की छाया बनता है । प्रेम गंगोत्री हो तो परमात्मा का सागर उपलब्ध होता है ।

जिसके मन की कामना हो कि परमात्मा तक जाए, वह अपने जीवन को प्रेम के गीत से भर ले । और जिसकी भी आकांक्षा हो कि पूरी मनुष्यता परमात्मा के जीवन से भर जाए, वह सारी मनुष्यता को प्रेम की तरफ ले जाने के मार्ग पर जितनी बाधाएं हों, वह उनको तोड़े, मिटाए और प्रेम को उन्मुक्त आकाश दे, ताकि एक दिन एक नए मनुष्य का जन्म हो सके ।

पुराना मनुष्य रुग्ण था, कुरूप था, अशुभ था । पुराने मनुष्य ने अपने आत्मघात का इंतजाम कर लिया है । वह आत्महत्या कर रहा है । सारे जगत में वह एक साथ आत्मघात कर लेगा । सार्वजनीन आत्मघात, यूनीवर्सल स्यूसाइड का उपाय कर लिया गया है । अगर इसे बचाना है तो प्रेम की वर्षा, प्रेम की भूमि और प्रेम के आकाश को निर्मित कर लेना जरूरी है ।

'प्रेम और विवाह'

नारी और क्रांति

मेरे प्रिय आत्मन,

व्यक्तियों में ही, मनुष्य में ही स्त्री और पुरुष नहीं होते हैं—पशुओं में भी, पक्षियों में भी। लेकिन एक और भी नयी बात आपसे कहना चाहता हूं: देशों में भी स्त्री और पुरुष देश होते हैं।

भारत एक स्त्री देश है और स्त्री देश रहा है। भारत की पूरी मनःस्थिति स्त्रैण है। ठीक उसके उल्टे जर्मनी और अमेरिका जैसे देशों को पुरुष देश कहा जाता है। भारत की पूरी आत्मा नारी है। इसलिए ही भारत कभी भी आक्रामक नहीं हो पाया। पूरे इतिहास में आक्रामक नहीं हो पाया। इसीलिए भारत में हिंसा का कोई प्रभाव पैदा नहीं हो सका। भारत की पूरे विचार की कथा अहिंसा की कथा है। भारत के पूरे इतिहास को देखने से एक बहुत आश्चर्यजनक घटना मालूम पड़ती है। दुनिया का कोई भी देश उस अर्थों में स्त्रैण नहीं है, जिस अर्थों में भारत। यही भारत का दुर्भाग्य भी सिद्ध हुआ।

सारा जगत पुरुषों का, सारा जगत पुरुष-वृत्तियों का, सारा जगत आक्रामक, सारा जगत हिंसात्मक, भारत अकेला आक्रामक नहीं, हिंसात्मक नहीं!

भारत के पिछले तीन हजार वर्ष का इतिहास दुःख, परेशानी और कष्ट

का इतिहास रहा है। लेकिन यही तथ्य आने वाले भविष्य में सौभाग्य का कारण भी बन सकता है। क्योंकि जिन देशों ने पुरुष के प्रभाव में विकास किया, वे अपनी मरण घड़ी के निकट पहुंच गए।

पुरुष का चित्त आक्रमण का चित्त है, एग्रेशन का। पुरुष का चित्त हिंसा का चित्त है, वायलेंस का। पश्चिम के जिन देशों ने उस चित्त के अनुकूल विकास किया, वे सारे देश धीरे-धीरे युद्धों से गुजकर अंतिम युद्ध, टोटल वार के करीब पहुंच गए। अब कोई परिणति नहीं मालूम होती—सिवाय कि वे टकराएं और टूट जाएं, नष्ट हो जाएं। उनके साथ पुरुषों ने जो सभ्यता खड़ी की है आज तक, वह सारी की सारी नष्ट हो जाए।

या दूसरा उपाय यह है कि इतिहास का चक्र घूमे और पुरुष की सभ्यता की कथा बंद हो, और एक नया अध्याय शुरू हो, जो अध्याय स्त्री चित्त की सभ्यता का अध्याय होगा।

इसे थोड़ा समझ लेना जरूरी है। इसे हम समझें तो हम मनुष्य चेतना के भीतर चलने वाले सबसे बड़े ऊहापोह से परिचित हो सकेंगे।

नीत्शे जैसा व्यक्ति भारत में हम लाख कोशिश करें तो पैदा नहीं हो सकता। नीत्शे जर्मनी में ही पैदा हो सकता है! और जर्मनी लाख उपाय करे तो भी गांधी और बुद्ध जैसे आदमी को पैदा करना जर्मनी के लिए असंभव है। गांधी और बुद्ध जैसे व्यक्ति भारत में ही पैदा हो सकते हैं। यह पैदा हो जाना आकस्मिक नहीं है, यह एक्सीडेंटल नहीं है। कोई व्यक्ति पैदा होता है, कोई विचारधारा पैदा होती है, यह पूरे देश के प्राणों के हजारों वर्षों के मथन का परिणाम होता है।

यह आश्चर्यजनक है कि भारत का आज तक का पूरा इतिहास भूलकर भी पुरुष का इतिहास नहीं रहा है। और इसीलिए भारत में विज्ञान का जन्म भी नहीं हो सका। विज्ञान एक पुरुष कर्म है। विज्ञान का अर्थ है: प्रकृति पर विजय। विज्ञान का अर्थ है, जो चारों तरफ फैला हुआ जगत है, उसको जीतना। पुरुष का मन जीतने में बहुत आतुर है।

भारत ने प्रकृति को जीतने की कोई कोशिश नहीं की। असल में भारत

ने कभी भी किसी को जीतने की कोई कोशिश नहीं की। जीतने की धारणा ही भारत के चित्त में बहुत गहरे नहीं जा सकी। कभी किन्हीं ने छोटे-छोटे प्रयास किए तो भारत की आत्मा उनके साथ खड़ी नहीं हो सकी।

स्वभावत: इस दुनिया में सारे लोग जीतने में आतुर हों, उसमें भारत पिछड़ता चला गया। यह भी दिखाई पड़ेगा कि इस पिछड़ जाने में अब तक तो दुर्भाग्य रहा। लेकिन आगे सौभाग्य हो सकता है। क्योंकि वे जो जीत की दौड़ में आगे गए थे, वे अपनी जीत के अंतिम परिणाम में वहां पहुंच गए हैं, जहां आत्मघात के सिवा और कुछ भी नहीं हो सकता।

बुद्ध ने कहा था, बैर को बैर से नहीं जीता जा सकता, हिंसा से हिंसा भी नहीं जीती जा सकती। लेकिन यह किसी ने भी सुना नहीं। सुना भी नहीं जा सकता था, समय भी नहीं था परिपक्व सुनने के लिए। आज यह बात सुनी जा सकती है। आज यह समझ में आना शुरू हो गया कि आज तो हिंसा का अर्थ है: सार्वजनिक विनाश।

पिछले महायुद्ध में हिरोशिमा और नागासाकी पर जो एटम गिराया गया था, उस समय विचारशील लोगों ने सोचा था, इससे खतरनाक अस्त्र अब पैदा नहीं हो सकेगा। लेकिन 20 ही वर्षों में विचारशीलों को पता चला कि आज हिरोशिमा और नागासाकी पर गिराए गए एटम बम बच्चों के खिलौने मालूम पड़ते हैं। इतने 20 वर्षों में हमने बड़े अस्त्र पैदा कर लिए!

एक उदजन बम चालीस हजार वर्गमील में किसी तरह के जीवन को नहीं बचने देगा। और पृथ्वी पर पचास हजार उदजन बम तैयार हैं। ये पचास हजार उदजन बम जरूरत से ज्यादा हैं, सरप्लस हैं। अगर हम पूरी पृथ्वी को नष्ट करना चाहें तो थोड़े से बम से काम हो जाएगा। इतने की कोई जरूरत नहीं पड़ेगी।

लेकिन राजनीतिक बहुत होशियार हैं। वे सोचते हैं कि भूल-चूक न हो जाए, इसलिए पूरा—और जरूरत से ज्यादा—इंतजाम करना उचित है। पचास हजार उदजन बम इस तरह की सात पृथ्वियों को नष्ट करने के लिए काफी हैं। यह पृथ्वी बहुत छोटी है। या हम ऐसा समझ सकते हैं कि अब

मनुष्य-जाति की कुल संख्या साढ़े तीन अरब है, पच्चीस अरब लोगों को मारने के लिए हमने इंतजाम कर लिया। या हम ऐसा भी समझ सकते हैं कि एक आदमी को सात-सात बार मरना पड़े तो हमारे पास सुविधा और व्यवस्था है। हालांकि आदमी एक ही बार में मर जाता है। दुबारा मारने की जरूरत नहीं पड़ती। लेकिन भूल-चूक न हो जाए, इसलिए इंतजाम कर लेना ठीक से उचित और जरूरी है।

एक-एक आदमी को सात-सात बार मारने के इंतजाम का अर्थ क्या है ? प्रयोजन क्या है ? यह क्या है ? पागल दौड़ है। क्या मनुष्य जाति का मन विक्षिप्त हो गया है ? मनुष्य जाति का मन निश्चित विक्षिप्त हो गया है। क्योंकि मनुष्य जाति का पूरा का पूरा अब तक का विकास अकेले पुरुष का विकास है। पुरुष आधा है—पुरुष जाति का। आधी स्त्री जाति का उस विकास में कोई हाथ नहीं ! इसलिए संतुलन खो गया है। बैलेंस खो गया है।

यह दुनिया करीब-करीब ऐसी है, जैसे एक देश में स्त्रियां बिल्कुल न हों ! सिर्फ पुरुष ही पुरुष रह जाएं, तो वह देश पागल हो जाएगा। ठीक इससे उल्टा भी हो जाएगा। अगर किसी देश में स्त्रियां ही स्त्रियां हों और पुरुष न हों तो वह देश पागल हो जाएगा। स्त्री और पुरुष परिपूरक हैं। वे दोनों साथ हैं, तभी पूरे हैं। लेकिन सभ्यता के मामले में जो सभ्यता आज तक निर्मित हुई है, वह अकेले पुरुष की सभ्यता है, उसमें स्त्री का कोई योगदान नहीं है ! स्त्री से कोई मांग भी नहीं की गई। स्त्री ने आगे बढ़कर कोई योगदान किया भी नहीं। यह पुरुष की सभ्यता पागल होने के करीब आ गई।

एक छोटी-सी कहानी से मैं समझाने की कोशिश करूं, जो मुझे बहुत प्रीतिकर रही है।

एक झूठी कहानी है। मैंने सुना है कि ईश्वर दूसरे महायुद्ध के बाद बहुत परेशान हो गया। ईश्वर तो तभी से परेशान है, जब से उसने आदमी को बनाया। जब तक आदमी नहीं था, बड़ी शांति थी दुनिया में। जब से आदमी को बनाया, तब से ईश्वर बहुत परेशान है। सुना तो मैंने यह है कि तबसे वह

ठीक से सो नहीं सका बिना नींद की दवा लिए। सो भी नहीं सकता। आदमी सोने दे तब न ! आदमी खुद न सोता है, न किसी और को सोने देता है। और इतने आदमी हैं कि ईश्वर को सोने कैसे देंगे ! इसलिए आदमी को बनाने के बाद ईश्वर ने फिर और कुछ नहीं बनाया। बनाने का काम ही बंद कर दिया। इतना घबड़ा गया होगा कि बस अब क्षमा चाहते हैं, अब आगे बनाना ठीक नहीं। दूसरे महायुद्ध के बाद वह घबड़ा गया होगा।

ऐसे तो इतने युद्ध हुए कि ईश्वर की छाती पर कितने घाव पड़े होंगे कि कहना मुश्किल है। सबसे मजा तो यह है कि हर घाव पहुंचाने वाला ईश्वर की प्रार्थना करके ही घाव पहुंचाता है। और मजा तो यह है कि हर युद्ध करने वाला ईश्वर से प्रार्थना करता है कि हमें विजेता बनाना। चर्चों में घंटियां बजाई जाती हैं, मंदिरों में प्रार्थनाएं की जाती हैं, युद्धों में जीतने के लिए ! पोप आशीर्वाद देते हैं, युद्धों में जीतने के लिए ! ईश्वर की छाती पर जो घाव लगते होंगे, उन घावों का हिसाब लगाना मुश्किल है।

तीन हजार साल के इतिहास में पंद्रह हजार युद्ध और आगे का पीछे का इतिहास तो पता नहीं है। हम यह मान नहीं सकते कि उसके पहले आदमी नहीं लड़ता रहा होगा। लड़ता ही रहा होगा। जब तीन हजार वर्षों में पंद्रह हजार युद्ध करता है आदमी, प्रति वर्ष पांच युद्ध करता है तो ऐसा मानना बहुत मुश्किल है कि वह शांत रहा होगा। इतना ही है कि उसके पहले का इतिहास हमें ज्ञात नहीं। दूसरे महायुद्ध के बाद ईश्वर घबड़ा गया। क्योंकि पहले महायुद्ध में साढ़े तीन करोड़ लोगों की हत्या हुई ! दूसरे महायुद्ध में हत्या की संख्या साढ़े सात करोड़ पहुंच गई। क्या हो गया आदमी को ?

उसने दुनिया के तीन बड़े प्रतिनिधियों को अपने पास बुलाया। रूस को, अमेरिका को, ब्रिटेन को और उनसे पूछा कि मैं तुम्हें वरदान देना चाहता हूं ! तुम एक-एक वरदान मांग लो, ताकि यह दुनिया की पागल होड़ बंद हो जाए। युद्ध बंद हो जाए। आदमी बच सके। और फिर तो यह ठीक भी है। अगर आदमी यह तय करता हो कि हमको मरना है तो मर जाए, लेकिन अपने साथ सारे जीवन को नष्ट करने का तो कोई हक मनुष्य को नहीं। मैं तुमसे

प्रार्थना करता हूं !

ईश्वर से हमेशा प्रार्थना की गई थी, लेकिन समय बदल गया। कभी नाव नदी पर होती है, कभी नदी नाव पर हो जाती है !

ईश्वर ने हाथ जोड़कर घुटने टेक दिए, उन तीनों के सामने ! हम प्रार्थना करते हैं कि एक-एक वरदान मांग लो। तुम जो भी चाहते हो, मैं पूरा कर दूं। अमेरिका के प्रतिनिधि ने कहा, 'हे महाप्रभु, एक ही इच्छा है हमारी, वह पूरी हो जाए फिर तो दुनिया में कभी युद्ध नहीं होगा। रूस जमीन पर न बचे। इसका कोई निशान न रह जाए। इतना हम चाहते हैं और हमारी कोई आकांक्षा नहीं।'

ईश्वर ने घबराकर रूस की तरफ देखा। जब अमेरिका यह कहता हो—धार्मिक देश ! तो रूस क्या कहेगा ? रूस ने कहा महाशय ! या हो सकता है, कहा हो कामरेड ! क्षमा करें। पहले तो मैं विश्वास नहीं करता कि आप हैं। कैपिटल पढ़ी है कार्ल मार्क्स की ? कम्युनिस्ट मैनिफेस्टो पढ़ा है—एंजल्स और कार्ल मार्क्स का ? कितने जमाना पहले उन्होंने खबर कर दी कि भगवान नहीं है। और 1917 से रूस के गिरजों से आपको निकाल बाहर किया। आप अब नहीं हैं। मुझे शक होता है, मैं वोडका शराब ज्यादा पी गया हूं। इसलिए आप दिखाई पड़ रहे हैं। और या यह भी हो सकता है कि मैं कोई सपना देख रहा हूं। लेकिन बड़ा आश्चर्यजनक है कि सोवियत भूमि पर ऐसा धार्मिक सपना कैसे संभव हो पाता ? अगर सरकार को पता लग गया कि ऐसे धार्मिक सपने आदमी देखते हैं, तो सपने देखने पर भी पाबंदी हो जाएगी। सपने देखने की स्वतंत्रता नहीं दी जा सकती आदमी को। गलत सपने देखने की स्वतंत्रता दी जाए ? रूस में नहीं दी जा सकती। चीन में नहीं दी जा सकती।

फिर भी मैं आपसे यह कहता हूं कि हो सकता है कि आप हों। एक सबूत दें होने का तो हम आपकी पूजा फिर से शुरू कर दें। दीए जलेंगे, धूप जलेगी, मंदिरों में पूजा होगी, घंटियां बजेंगी—एक इच्छा पूरी कर दें। एक ही इच्छा है हमारी—दुनिया का नक्शा हो, लेकिन अमेरिका के लिए कोई

रंगरेखा उस नक्शे पर हम नहीं चाहते।

और घबराएं मत! क्योंकि ईश्वर घबड़ा गया होगा। घबड़ाएं मत, अगर आप न कर सकें तो फिकर मत करें, हमने खुद यह काम करने का पूरा इंतजाम कर लिया है। हम खुद भी कर लेंगे। हम आपके भरोसे पर नहीं कर रहे यह इंतजाम। यह इंतजाम अपने पैरों पर किया है और हमें इसकी भी कोई चिंता नहीं है कि अमेरिका को मिटाने में हम मिट जाएंगे। हम मिट जाएं, उसकी फिकर नहीं, लेकिन अमेरिका नहीं रहना चाहिए। यह हमारा कष्ट है।

ईश्वर ने बहुत घबड़ाकर ब्रिटेन की तरफ देखा। ब्रिटेन ने जो कहा, वह ध्यान से सुन लेना। ब्रिटेन ने कहा, हे परम पिता, चरणों पर सिर रख दिया, अब हमारी कोई आकांक्षा नहीं, 'इन दोनों की आकांक्षाएं एक साथ पूरी कर दी जाएं, हमारी आकांक्षा पूरी हो जाएगी।'

यह हमें हंसने जैसा मालूम होता है, लेकिन किस पर हंसते हैं आप? ब्रिटेन पर, अमेरिका पर, रूस पर, भगवान पर—किस पर हंसते हैं आप? या तो अपने पर, या कि मनुष्य पर, या कि मनुष्यता पर? मनुष्य को क्या हुआ है? कौन-सा रोग है उसके मन में? उसके प्राणों को कौन-सी चीज खा रही है कि मिटना, मिटाना, यही इसके प्राणों की पुकार बन गई है—मृत्यु और मृत्यु!

पुरुष जीतना चाहता है और जीत उसको एक ही तरह सूझती है। मारने से, मृत्यु से, मिटाने से। पुरुष को सूझता ही नहीं कि मिटाने के अलावा कोई जीत होती है? उसे यह पता ही नहीं है कि यह मिटाकर कभी कोई जीता ही नहीं है।

एक और जीत भी होती है, जो मिटाने से नहीं आती! उसे यह पता भी नहीं है, एक और जीत भी होती है, जो हार जाने से आती है। यह पुरुष को पता ही नहीं!

एक ऐसी जीत भी हो सकती है, जो उसको मिलती है जो हार जाता है, जो लड़ता ही नहीं। इसका पुरुष को कोई भी पता नहीं।

उसे पता हो भी नहीं सकता। उसके चित्त की पूरी की पूरी प्रकृति एग्रेसिव, आक्रामक है। उसका एक ही खयाल है: दबो या दबाओ, हारो या जीतो। और जीतने की दौड़ में चाहे कुछ भी हो जाए, खुद मिटो चाहे कोई मिट जाए, लेकिन जीतना जरूरी है। लेकिन जीतना किसलिए जरूरी है? जीतना जीने के लिए जरूरी है। और जीतने में मौत लानी पड़ती है और जीना मुश्किल हो जाता है। अजीब चक्कर है। जीतना जीने के लिए जरूरी मालूम पड़ता है, और जीतने में मौत आती है और जीना मुश्किल हो जाता है।

लेकिन इसी विशियस सर्किल में, दुष्चक्र में, पिछले 3-4 हजार वर्ष का इतिहास आदमी का, घूमते-घूमते आखिरी इसी जगह, क्लाइमैक्स पर आ गया है, जहां कि विश्वयुद्ध की पूरी संभावना खड़ी हो गयी है।

या तो विश्वयुद्ध होगा और सारी मनुष्यता समाप्त होगी। और या फिर अब तक मनुष्य-जाति के दूसरे हिस्से ने कोई भी कंट्रीब्यूशन मनुष्य की सभ्यता का निर्माण करने में, मनुष्य को जीने में, सहयोग देने में, जो आधी दुनिया अब तक चुपचाप खड़ी रही है, उसे कुछ करना पड़ेगा। और एक नयी सभ्यता को, जो पुरुष प्रधान न हो, एक नयी सभ्यता को, जो स्त्री के हृदय और स्त्री के गुणों पर खड़ी होती हो, उसको जन्म देना पड़ेगा।

नीत्शे ने बहुत क्रोध से यह बात लिखी है कि मैं बुद्ध को और क्राइस्ट को स्त्रैण मानता हूं, वूमिनिस्ट मानता हूं। यह उसने गाली दी है बुद्ध को और क्राइस्ट को। अगर वह गांधी को जानता होता तो गांधी के बाबत भी यही कहता कि तीनों के तीनों आदमी ठीक अर्थों में पुरुष नहीं हैं। उसने यह सोचा होगा कि किसी पुरुष को स्त्री कह देने से और कोई बड़ी गाली क्या हो सकती है?

लेकिन पुरुष होना ही आज—वह जो पुरुष की आज तक की प्रगति रही है, उसमें होना आज—संकट, क्राइसिस पैदा कर दिया है। आज खोजबीन करनी जरूरी है कि स्त्री के चित्त से क्या सभ्यता का आधार, मूल आधार रखा जा सकता है? क्या यह हो सकता है? क्या हम दूसरी तरफ भी देखें? और ध्यान करें कि क्या उस तरफ से भी जीवन की नयी दिशा में विकास के नए

स्रोत, मनुष्यता का एक नया इतिहास रखा जा सकता है ?

मुझे लगता है कि रखा जा सकता है। और अगर नहीं रखा जा सकता है तो फिर पुरुष के हाथ में अब आगे कोई भविष्य नहीं है, वह अपने अंतिम क्षण पर आ गया है।

लेकिन स्त्रियों को कोई खयाल नहीं है ! या तो स्त्रियां गुलाम हैं पुरुष की या स्त्रियां नंबर 2 के पुरुष बनने की कोशिश में संलग्न हैं ! दोनों ही हालतें बुरी हैं। गुलामी की, स्लेवरी की हैं। भारत जैसे मुल्कों में स्त्रियों की कोई आवाज नहीं। अपनी कोई आत्मा नहीं। भारत में स्त्री का अपना कोई व्यक्तित्व नहीं। उसकी कोई पुकार नहीं। उसका कोई होना नहीं। वह न होने के बराबर है।

हालांकि पूरे देश का विचार कभी भी पुरुष चित्त के अनुकूल नहीं रहा, क्योंकि भारत को जिन लोगों ने प्रभावित किया, उन्होंने जीवन के बहुत कोमल गुणों पर जोर दिया। बुद्ध ने करुणा पर, महावीर ने अहिंसा पर। उन्होंने जोर दिया जीवन के प्रेम तत्त्व पर। लेकिन उनकी आवाज गूंज कर खोती रही। यह किसी को खयाल नहीं आया कि यह आवाज अगर स्त्रियां पकड़ लेंगी तो ही सफल हो सकती हैं, अन्यथा यह आवाज सफल नहीं हो सकती।

अगर पुरुष प्रेम की बात भी करेगा तो अहिंसा से आगे नहीं जा सकता। और इसे थोड़ा समझ लेना। अहिंसा का मतलब होता है, हम हिंसा नहीं करेंगे। यह निगेटिव बात है। हम किसी को चोट नहीं पहुंचाएंगे। अहिंसा से आगे पुरुष का जाना मुश्किल है। वह या तो हिंसा कर सकता है या अहिंसा कर सकता है। लेकिन प्रेम का उसे सूझता ही नहीं ! प्रेम पाजिटिव बात है अहिंसा का मतलब है, हम दूसरे को दुःख नहीं पहुंचाएंगे। एक बात है कि हम दूसरे को दुःख नहीं पहुंचाएंगे, यही हमारे जीवन का सूत्र होगा। चाहे एक-दूसरे को कितना ही दुःख पहुंचे, हम अपना सुख पाएंगे। यही जीवन की आधार-शिला होगी। एक सूत्र तो यह है पुरुष का।

फिर पुरुष अगर बहुत ही सोच-समझ और विचार का उपयोग करता है,

तो इससे उल्टे सूत्र पर पहुंचता है। वह कहता है, हम दूसरे को दुःख नहीं पहुंचाएंगे।

लेकिन स्त्री का चित्त अहिंसा से राजी नहीं हो सकता। स्त्री का चित्त कहता है प्रेम।

प्रेम का अर्थ है: हम दूसरे को सुख पहुंचाएंगे।

इसलिए अहिंसा ठीक अर्थों में हिंसा का विरोध नहीं है। सिर्फ हिंसा का अभाव है। हिंसा का ठीक विरोध प्रेम है। क्योंकि हिंसा कहती है, हम दूसरे को दुःख पहुंचाएंगे, यही हमारे सुख का मार्ग है।

प्रेम कहता है, हम दूसरे को सुख पहुंचाएंगे, यही हमारे सुख का मार्ग है।

अहिंसा बीच में है, और अहिंसा कहती है, हम दूसरे को दुःख नहीं पहुंचाएंगे। अहिंसा बहुत इम्पोटेंट है। अहिंसा बीच में अटक जाती है, बहुत आगे नहीं जाती, वह पुरुष को हिंसा करने से रोक लेती है। लेकिन प्रेम करने तक नहीं पहुंचती। हिंदुस्तान ने अहिंसा की तो बात की। लेकिन... क्योंकि पुरुषों ने बात की थी, वह भी बहुत ठीक। वे अहिंसा तक की बात कर सके। पश्चिम के पुरुषों से उन्होंने एक कदम बहुत आगे उठाया। स्त्री के हृदय की तरफ एक कदम आगे बढ़ाया। लेकिन आखिर पुरुष कितने दूर जा सकते हैं? वह बात अहिंसा पर आकर अटक गई।

और मैंने ऐसा अनुभव किया है, अगर पुरुष अहिंसा की भी बात करे तो बहुत जल्दी उसकी अहिंसा में भी हिंसा शुरू हो जाती है। अगर पुरुष सत्याग्रह भी करेगा, अगर पुरुष अनशन भी करेगा तो वह अनशन भी दूसरे की गर्दन दबाने के उपाय की तरह करेगा। वह भी प्रेशर, वह भी दबाव होगा। वह भी जबर्दस्ती होगी। अगर दस आदमी अनशन करेंगे किसी काम के लिए, तो वे धमकी दे रहे हैं कि हम मर जाएंगे, हमारी बात मानो। यह धमकी बहुत हिंसापूर्ण है। यह धमकी अहिंसक नहीं है। यह बहुत हिंसापूर्ण है। अहिंसा का भी हिंसात्मक उपयोग है यह।

मैंने सुना है, एक युवक, एक युवती से प्रेम करता था। उसने जाकर उसके घर के सामने अहिंसक अनशन कर दिया, कहा कि मुझसे विवाह करो,

अन्यथा मैं भूखा मर जाऊंगा। घर के लोग घबड़ा गए। क्योंकि अगर वह छुरा लेकर आता तो पुलिस में खबर कर देते। वह छुरा लेकर नहीं आया। वह धमकी लेकर आया था कि मैं मर जाऊंगा। वह बोरिया-बिस्तर लगाकर द्वार के सामने बैठ गया। गांव में उसका प्रचार करने वाले लोग मिल गए।

बेवकूफों का प्रचार करने वालों की कोई कमी नहीं है। उन्होंने जाकर गांवभर में खबर कर दी, कि एक अहिंसक आंदोलन हो रहा है। एक युवक ने अपने प्राण बाजी पर लगा दिए हैं। सारे गांव की सहानुभूति उस युवक के साथ होने लगी। जो भी मरता हो, उसके साथ सहानुभूति स्वाभाविक है। घर के लोग बहुत घबड़ा गए, उन्होंने कहा हम क्या करें? बड़ी मुसीबत हो गई?

घर के लोगों को किसी परिचित ने सलाह दी कि गांव में एक और भी अहिंसक सत्याग्रह करने वाला अनुभवी व्यक्ति है। तुम उससे जाकर पूछो। उन्होंने जाकर सलाह ली। उसने कहा घबराओ मत हर चीज का उपाय है। अहिंसात्मक धमकी का उपाय अहिंसात्मक ढंग से दिया जा सकता है। मैं रात आ जाऊंगा। घबराओ मत।

वह रात एक बूढ़ी औरत को लेकर पहुंच गया। उस बूढ़ी औरत ने जाकर अपना बिस्तर लगा दिया और उस युवक से कहा कि मेरे हृदय में तेरे लिए भारी प्रेम का उदय हुआ है। मैं मर जाऊंगी, अगर तुमने मुझ से विवाह नहीं किया। मैं अनशन शुरू करती हूं। यह आमरण अनशन है। उस युवक ने सुना और अपना पेटी-बिस्तर लेकर वह रात में भाग गया! स्वाभाविक है।

इस देश में यह हो रहा है। अहिंसा के नाम यही हो रहा है। हर आदमी अहिंसा के नाम पर हिंसा की धमकी देता है! आंध्र को अलग करो नहीं तो आमरण अनशन करके मर जाएंगे। पंजाब को अलग करो नहीं तो यह हो जाएगा। कोई भी आदमी धमकी दे रहा है।

यह बड़ी हैरानी की बात है कि गांधी ने अहिंसा की बात की और अहिंसा का कुल उपयोग हिंसात्मक ढंग से कर रहे हैं!

किसी की कल्पना भी नहीं हो सकती कि पुरुष का मन ऐसा है कि उसके

हाथ में जो भी हथियार आ जाएगा—चाहे तलवार और चाहे सत्याग्रह—दोनों का उपयोग हिंसात्मक ढंग से करना ।

पुरुष के चित्त की बनावट आक्रामक है, हिंसात्मक है । और अब तक चूंकि सारी.संस्कृति उसके आधार पर निर्मित हुई है । इसलिए सारी संस्कृति हिंसात्मक है ।

क्या यह नहीं हो सकता कि स्त्री के हृदय की आवाज को भी इस संस्कृति के निर्माण में पत्थर बनाया जाए ?

लेकिन स्त्री तो चुप ! या तो वह गुलाम है, जैसा मैंने कहा या वह पुरुष होने की दौड़ में है ।

पूरब की स्त्री गुलाम है । उसने कभी यह घोषणा ही नहीं की कि मेरे पास भी आत्मा है । वह चुपचाप पुरुष के पीछे चल पड़ती है ।

अगर राम को सीता को फेंक देना है तो सीता की कोई आवाज नहीं । अगर राम कहते हैं कि मुझे शक है तेरे चरित्र पर तो उसे आग में डाला जा सकता है । यह बड़े मजे की बात है । यह किसी के खयाल में कभी नहीं आती कि सीता लंका में बंद थी, अकेली, तो राम को उसके चरित्र पर शक होता है । लेकिन सीता को राम के चरित्र पर शक नहीं होता ! उतने दिन वह अकेले रहे ! अग्नि से गुजरना ही है तो राम को आगे और सीता को पीछे गुजरना चाहिए । जैसा कि हमेशा शादी विवाह में राम आगे रहे, सीता पीछे रही, चक्कर लगाती रही । फिर आग में घुसते वक्त सीता आगे अकेली आगे चली । राम बाहर खड़े निरीक्षण करते रहे ! बड़ी धोखे की बात मालूम पड़ती है !

तीन-चार हजार वर्ष हो गए रामायण को लिखे गए और मैं यह बात पहली दफे कह रहा हूं । यह बात कभी नहीं उठाई गई कि राम की अग्नि परीक्षा क्यों नहीं होती ? नहीं, पुरुष का तो सवाल ही नहीं ! यह सब सवाल स्त्री के लिए है !

स्त्री की कोई आत्मा नहीं, उसकी कोई आवाज नहीं । फिर यह अग्नि परीक्षा से गुजरी हुई स्त्री एक दिन मक्खी की तरह फेंक दी गई तो भी कोई

आवाज नहीं ! कोई आवाज नहीं है ! और हिंदुस्तान भर की स्त्रियां राम को मर्यादा पुरुषोत्तम कहे चली जाएंगी ! मंदिर में जाकर दीया घुमाती रहेंगी और पूजा-प्रार्थना करती रहेंगी ! राम की पूजा स्त्रियां करती रहेंगी !

स्त्री के पास कोई आत्मा नहीं । कोई सोच-विचार नहीं । सारे हिंदुस्तान की स्त्रियों को कहना था कि बहिष्कार हो जाए राम का, कितने ही अच्छे आदमी रहे होंगे । लेकिन बात खत्म हो गई । स्त्रियों के साथ भारी अपमान हो गया । भारी असम्मान हो गया ।

लेकिन राम को स्त्रियां ही जिंदा रखे हैं । राम बहुत प्यारे आदमी हैं । बहुत अद्‌भुत आदमी हैं । लेकिन राम को यह खयाल पैदा नहीं होता कि वह स्त्री के साथ क्या कर रहे हैं ! वह हमारी कल्पना नहीं है, वह हमारे खयाल में नहीं है ।

युधिष्ठिर जैसा अद्‌भुत आदमी द्रौपदी को जुए में दांव पर लगा देता है ! फिर भी कोई यह नहीं कहता कि हम कभी युधिष्ठिर को धर्मराज नहीं कहेंगे । नहीं, कोई यह नहीं कहता ! बल्कि कोई कहेगा तो हम कहेंगे कि अधार्मिक आदमी । नास्तिक आदमी है, इसकी बात मत सुनो ।

स्त्री को जुए पर, दांव पर लगाया जा सकता है, क्योंकि भारत में स्त्री संपदा है, संपत्ति है । हम हमेशा से कहते रहे हैं, स्त्री संपत्ति है और इसीलिए तो पति को स्वामी कहती है । स्वामी का मतलब आप समझते हैं, क्या होता है ?

अगर हिंदुस्तान की स्त्री में थोड़ी भी अक्ल होगी तो एक-एक शब्द से उसे 'स्वामी' निकाल बाहर कर देना चाहिए । कोई पुरुष कोई स्त्री का स्वामी नहीं हो सकता । स्वामी का क्या मतलब होता है ?

स्त्री दस्तखत कर देती है अपनी चिट्ठी में "आपकी दासी" और पतिदेव बहुत प्रसन्न होकर पढ़ते हैं । बड़े आनंदित होते हैं कि बड़ी प्रेम की बात लिखी है ।

लेकिन इसका पता है कि स्वामी और दास में कभी प्रेम नहीं हो सकता । प्रेम की संभावना समान तल पर हो सकती है । स्वामी और दास में क्या प्रेम

हो सकता है ?

इसलिए हिंदुस्तान में प्रेम की संभावना ही समाप्त हो गई। हिंदुस्तान में स्त्री-पुरुष साथ रह रहे हैं और साथ रहने को प्रेम समझ रहे हैं। वह प्रेम नहीं है।

हिंदुस्तान में प्रेम का सरासर धोखा है। साथ रहना भर प्रेम नहीं है। किसी तरह कलह करके 24 घंटे गुजार देना, प्रेम नहीं है। जिंदगी गुजार देनी प्रेम नहीं है।

प्रेम की पुलक और है। प्रेम की प्रार्थना और है। प्रेम की सुगंध और है। प्रेम का संगीत और है।

लेकिन वह कहीं भी नहीं ! असल में गुलाम और दास में, मालिक में और स्वामी में, कोई प्रेम नहीं हो सकता। लेकिन हमारे खयाल में नहीं है यह बात कि पूरब की स्त्री नेट्ढ़ विशेषकर भारत की स्त्री ने अपनी आत्मा का अधिकार ही स्वीकार नहीं किया है। आत्मा की आवाज भी नहीं दी है। उसने हिम्मत भी नहीं जुटाई कि वह कह सके 'मैं भी हूं' !

आज स्त्री को शादी करके ले जाते हैं एक सज्जन। अगर उनका नाम कृष्णचंद्र मेहता है तो उनकी पत्नी मिसेज कृष्णचंद्र मेहता हो जाती है। लेकिन कभी उससे उल्टा देखा कि इंदुमती मेहता को एक सज्जन प्रेम करके, ब्याह कर लाए हों और उनका नाम मि० इंदुमती मेहता हो जाए ? वह नहीं हो सकता है। लेकिन क्यों नहीं हो सकता ? नहीं, वह नहीं हो सकता, क्योंकि हमारी यह सिर्फ व्यवहार की बात नहीं है, उसके पीछे पूरा हमारे जीवन को देखने का ढंग छिपा हुआ है।

स्त्री पुरुष के पीछे आकर पुरुष का अंग हो जाती है। वह मिसेज हो जाती है। लेकिन पुरुष स्त्री का अंग नहीं होता ! स्त्री पुरुष का आधा अंग है। लेकिन पुरुष स्त्री का अंग नहीं है ! इसलिए पुरुष मरता है तो स्त्री को सती होना चाहिए। आग में जल जाना चाहिए। वह उसका अंग है। उसको बचने का हक कहां है ?

हिंदुस्तान में हजारों वर्षों में कितनी लाखों स्त्रियों को आग में जलाया,

उसका हिसाब लगाना बहुत मुश्किल है । बहुत मुश्किल है । और किस पीड़ा से उन स्त्रियों को गुजरना पड़ा है, इसका हिसाब लगाना मुश्किल है । फिर भी बड़ी कृपा थी, जो आग में जल गई उन स्त्रियों के लिए ।

लेकिन जब से आग में जलना बंद हो गया है तो करोड़ों विधवाओं को हम रोके हुए हैं । उनका जीवन आग में जलने से बदतर है । सती की प्रथा विधवा की प्रथा से ज्यादा बेहतर थी । आदमी एक बार में मर जाता है । खत्म हो जाता है । आखिर एक बार में मरना, फिर भी बहुत दयापूर्ण है । बजाय 40-50 साल धीरे-धीरे मरने के, अपमानित होने के ।

जिंदगी में जहां प्रेम की कोई संभावना न रह जाए, उस जीवन को जीवित कहने का क्या अर्थ है ?

और यह ध्यान रहे कि पुरुष के लिए प्रेम 24 घंटे में आधी घड़ी भर की बात है । उसके लिए और बहुत काम हैं । प्रेम भी एक काम है । प्रेम से भी निपटकर दूसरे कामों में वह लग जाता है । स्त्री के लिए प्रेम ही एकमात्र काम है । और सारे काम उसी प्रेम से निकलते हैं और पैदा होते हैं ।

तो अगर पुरुष को विधुर रखा जाए तो उतना टार्चर नहीं है, जितना स्त्री को विधवा रखना अत्याचार है । उसे 24 घंटे प्रेम की जंजीर है । प्रेम गया—उस जंजीर के सिवाय कुछ नहीं रह गया । और दूसरे प्रेम की संभावना समाज छोड़ता नहीं । लेकिन हजारों साल तक हम उसे जलाते रहे और कभी किसी ने न सोचा !

अगर कोई पूछता था कि स्त्रियों को क्यों जलना चाहिए आग में ? तो पुरुष कहते, उसका प्रेम है, वही जी नहीं सकती पुरुष के बिना । लेकिन किसी पुरुष को प्रेम नहीं था इस मुल्क में कि वह किसी स्त्री के लिए सती हो जाते ? वह सवाल ही नहीं है । वह सवाल ही नहीं उठाना चाहिए । क्योंकि सारे धर्म-ग्रंथ पुरुष लिखते हैं, अपने हिसाब से लिखते हैं, अपने स्वार्थ से लिखते हैं । स्त्रियों का लिखा हुआ न ग्रंथ है, न स्त्रियों का मनु है, न स्त्रियों का याज्ञवल्क्य है ! स्त्रियों का कोई स्मृतिकार नहीं, स्त्रियों का कोई धर्म-ग्रंथ नहीं ! स्त्रियों का कोई सूत्र नहीं ! उनकी कोई आवाज ! पूरब की स्त्री तो एक

गुलाम छाया है, जो पति के आगे-पीछे घूमती रहती है ।

पश्चिम की स्त्री ने विद्रोह किया है । और मैं कहता हूं कि अगर छाया की तरह रहना है तो उससे बेहतर है वह विद्रोह । लेकिन वह विद्रोह बिल्कुल गलत रास्ते पर चला गया । वह गलत रास्ता यह है कि पश्चिम की स्त्री ने विद्रोह का मतलब यह लिया है कि ठीक पुरुष जैसी वह भी खड़ी हो जाए ! पुरुष जैसी वह हो जाए !

पश्चिम की स्त्री पुरुष होने की दौड़ में पड़ गयी । वह पुरुष जैसे वस्त्र पहनेगी, पुरुष जैसे बाल कटाएगी, पुरुष जैसा सिगरेट पीना चाहेगी, पुरुष जैसा सड़कों पर चलना चाहेगी, पुरुष जैसा अभद्र शब्दों का उपयोग करना चाहेगी । वह पुरुष के मुकाबले खड़ी हो जाना चाहती है ।

एक लिहाज से फिर भी अच्छी बात है । कम से कम बगावत तो है । कम से कम हजारों साल की गुलामी को तोड़ने का तो खयाल है । लेकिन गुलामी ही नहीं तोड़नी है । क्योंकि गुलामी तोड़कर भी कोई कुएं में से खाई में गिर सकता है ।

पश्चिम की स्त्री इसी हालत में खड़ी हो गई । वह जितना अपने को पुरुष जैसा बनाती जा रही है, उतना ही उसका व्यक्तित्व फिर खोता चला जा रहा है । भारत में वह छाया बनकर खत्म हो गई । पश्चिम में वह नंबर 2 का पुरुष बनकर खत्म होती जा रही है । उनका अपना व्यक्तित्व वहां भी नहीं रह जाएगा ।

यह ध्यान रहे, स्त्री के पास एक अपने तरह का एक व्यक्तित्व है । जो पुरुष से बहुत भिन्न है, बहुत विरोधी, बहुत अलग, बहुत दूसरा है । उसका सारा आकर्षण, उसकी जीवन की सारी सुगंध, उसके अपने होने में है, उसके निज होने में है । अगर वह अपनी निजता के बिंदु से च्युत होती है और पुरुष जैसे होने की दौड़ में लग जाती है तो यह बात इतनी बेहूदी होगी, जैसे कोई पुरुष स्त्रियों के कपड़े पहनकर दाढ़ी मूंछ घुटाकर स्त्रियों जैसा बनकर घूमने लगता है तो वह बेहूदा हो जाता है । यह बात इतनी ही बेहूदी है ।

लेकिन पुरुष इसकी निंदा नहीं करेगा । क्योंकि स्त्रियां पुरुष जैसी हो रही

हैं, पुरुष को क्या चिंता? आपने हमेशा सुना होगा, अगर कोई पुरुष स्त्रियों जैसे ढंग से रहे तो हम लोग कहेंगे नामर्द। उसकी निंदा होगी। लेकिन अगर कोई स्त्री पुरुषों जैसी रहे तो कहेंगे, 'खूब लड़ी मर्दानी वह तो झांसी वाली रानी थी।' इज्जत देंगे उसको। स्त्रियां अगर पुरुषों जैसे ढंग अख्तियार करें तो उनको इज्जत मिलेगी और पुरुष अगर स्त्रियों जैसे ढंग अख्तियार करें तो उनका अपमान होगा। पुरुष को भी उससे मजा आता है कि स्त्री पुरुष जैसे होने की कोशिश कर रही है। इसका अर्थ है कि उसने हमारी श्रेष्ठता फिर स्वीकार कर ली।

कल तक वह पति के रूप में श्रेष्ठता स्वीकार करती थी, तब भी हम सुपीरियर, मालिक थे। अब भी हम सुपीरियर हैं। क्योंकि हमारे जैसे होने की कोशिश कर रही है। और ध्यान रहे, स्त्री कितने ही पुरुष जैसी हो जाए, कार्बन कापी से ज्यादा नहीं हो सकती। कैसे हो सकती है! कैसे हो सकती है स्त्री पुरुष जैसी? और कार्बन कापी फिर छाया रह जाएगी।

यह बड़े मजे की बात है कि हिंदुस्तान में पुरुष ने जबर्दस्ती स्त्री को छाया बना दिया। पश्चिम की स्त्री अपने हाथ से मेहनत करके छाया बनी जा रही है। क्या कोई तीसरा रास्ता नहीं है? ये दोनों बातें स्त्री जाति के लिए खतरनाक हैं। ये दोनों बातें प्रतिक्रियावादी हैं, रिएक्शनरी हैं। स्त्री को जिंदगी में क्रांति चाहिए। पश्चिम में क्रांति भटक गई और विद्रोह हो गई है। विद्रोह क्रांति नहीं है। बगावत क्रांति नहीं है।

क्रांति का मतलब है: एक नए व्यक्तित्व का उद्घाटन।

बगावत का मतलब है: पुराने व्यक्तित्व को तोड़ देना है, इसकी बिना फिक्र किए कि नया व्यक्तित्व कुछ बनता है कि नहीं बनता है।

बगावत क्रोध है, क्रांति विचार है।

बगावत कर देना बहुत आसान है। क्रांति करना बहुत सोच-विचार और चिंतन की बात है।

भारत की स्त्री को भी पश्चिम की स्त्री की दौड़ पकड़ेगी, क्योंकि भारत के पुरुष को पश्चिम के पुरुष की दौड़ पकड़ेगी। उसी के पीछे स्त्री भी जाएगी,

आज नहीं कल। वह उसने होना शुरू कर दिया है। वह पुरुष के साथ पुरुष जैसा होने की दौड़ में शामिल हो गयी है। आज नहीं कल भारत में भी वही होगा, जो पश्चिम में हो रहा है। पश्चिम में जो हो गया है, वह इतना दुःखद है कि अब भारत में उसको फिर दोहरा लेना, एक बहुत बढ़िया मौका खो देना है। एक परिवर्तन का, एक ट्रांजिशन का मौका खो देना है। एक बदलाहट का वक्त आया है और फिर बदलाहट में हम वही गलती कर ले रहे हैं। वही गलती, जिसमें कुछ फर्क नहीं पड़ेगा। वही भूल फिर हो जाएगी।

सी० एम० जोड ने कहीं लिखा है, जब मैं पैदा हुआ था, होम्स थे, मेरे देश में। घर थे। अब सिर्फ हाउसेज हैं। अब सिर्फ मकान हैं। स्वभावतः अगर स्त्री पुरुष जैसी हो जाती है, तब होम जैसी चीज समाप्त हो जाएगी। घर जैसी चीज समाप्त हो जाएगी। मकान रह जाएंगे। मकान रह जाएंगे, क्योंकि मकान घर बनता था, एक व्यक्तित्व से स्त्री के। वह खो गया। अब ठीक वह पुरुष जैसी कलह करती है! पुरुष जैसी झगड़ती है! पुरुष जैसी बात करती है! विवाद करती है! वह सब ठीक पुरुष जैसा कर रही है!

लेकिन उसे पता नहीं है कि उसकी आत्मा कभी भी यह करके तृप्त नहीं हो सकती। क्योंकि आत्मा तृप्त होती है वही होकर, जो होने को आदमी पैदा हुआ है। एक गुलाब, गुलाब बन जाता है तो तृप्ति आती है। एक चमेली, चमेली बन जाती है तो तृप्ति आती है। वह तृप्ति फ्लॉवरिंग की है। हमारे भीतर छिपा है—वह खिल जाए, पूरा खिल जाए तो आनंद उपलब्ध होता है।

स्त्री आज तक कभी आनंदित नहीं रही, न पूरब के मुल्कों में, न पश्चिम के मुल्कों में। पूरब के मुल्कों में वह गुलाम थी, इसलिए आनंदित नहीं हो सकी; क्योंकि आनंद बिना स्वतंत्रता के कभी उपलब्ध नहीं होता है।

सारे आनंद के फूल स्वतंत्रता के आकाश में खिलते हैं।

ध्यान रहे, अगर स्त्री आनंदित नहीं है तो पुरुष कभी आनंदित नहीं हो सकता है। वह लाख सिर पटके। क्योंकि समाज का आधा हिस्सा दुःखी है। घर का केंद्र दुःखी है। वह दुःखी केंद्र अपने चारों तरफ दुःख की किरणें

फेंकता रहता है। और दु:ख के केंद्र की किरणों में सारा व्यक्तित्व समाज का, दु:खी हो जाता है।

और मैं आपसे कहना चाहता हूं, जितना दु:ख होता है, उतनी चिंता शुरू हो जाती है। क्यों? क्योंकि दु:खी आदमी दूसरे को दु:खी करने में आतुर होता है। क्योंकि दु:खी आदमी फिर किसी को सुखी देखना नहीं चाहता। दु:खी आदमी चाहता है, दूसरे को दु:ख हो दु:खी आदमी का एक ही सुख होता है, दूसरे को दु:ख दे देने का सुख।

स्त्री के दुख ने सारे समाज के जीवन को दु:ख की छाया से भर दिया है।

स्त्री आनंदित हो सकती है मुक्त होकर, लेकिन पुरुष होकर नहीं। मुक्त हो जाए और फिर पुरुष जैसे होने लगे, फिर दु:खी हो जाएगी। आज पश्चिम की स्त्री कोई सुखी नहीं है। वह फिर उसने नए दु:ख खोज लिए हैं। फिर नए दु:खों से अपने व्यक्तित्व को कस लिया है। फिर समाज वहां एक नए तनाव में भरता चला जाएगा। क्या किया जा सकता है? कौन-सी क्रांति?

मैं एक तीसरा सुझाव देना चाहता हूं। और वह यह...वक्त है, इस वक्त मुल्क के सामने बदलाहट होगी। बदलाहट का समय है। अभी स्त्री की गुलामी ज्यादा दिन नहीं चलेगी। हालांकि स्त्री की अभी भी कोई इच्छा नहीं है बहुत, कि गुलामी टूट जाए। वह पुरुष तो चाहेगा। लेकिन सारी दुनिया की हवाएं धक्के दे रही हैं और गुलामी टूट रही है। भारत की स्त्रियां यह न सोचें कि उनके कुछ करने से गुलामी टूट रही है।

भारत बहुत अजीब देश है। सारी दुनिया की हवाएं बदलीं। 1947 में हम आजाद हो गए। हमने समझा कि हमने आजादी ले ली। वह हमने आजादी ली नहीं। वह दुनिया की हवाएं बदलीं, दुनिया का पूरा मौसम बदला। दुनिया में परिवर्तन का एक वक्त आया। आजादी हमें मिली। हिंदुस्तान के किसी नेता को पता भी नहीं था कि आजादी सन् 1947 में मिल सकती है। कल्पना भी नहीं की। आंदोलन तो हमारा सन् 1942 में खत्म हो गया था! और बड़ा भारी आंदोलन था! सात दिन में खत्म हो गया था! ऐसी महान् क्रांति दुनिया में कभी नहीं हुई! वह सात दिन में खत्म हो गई

थी ! उसके बाद हम ठंडे पड़ चुके थे ।

अब 20 साल तक कोई दुबारा जाने को जेल में राजी भी नहीं हो सकता था । अचानक आजादी आ गयी, तो हमने कहा, हमने आजादी ले ली । ठीक वैसी ही भारत की स्त्री की आजादी भी आ रही है । यह भूल में मत पड़ना कि वह आजादी ले रही है ।

और ध्यान रहे जो आजादी आती है, उस आजादी में और जो आजादी ली जाती है, उस आजादी में, जमीन-आसमान का फर्क होता है । जो आजादी मिलती है, वह मुर्दा होती है । वह कभी जिंदा नहीं हो सकती । भीख होती है । और आजादी भी भीख में मिल सकती है । इसलिए इस मुल्क में जो आजादी मिली, वह मुर्दा आजादी, बिल्कुल डैड—उसमें कोई जिंदगी नहीं । पड़ी हुई लाशों वाली आजादी ।

इसलिए 20 साल से हम सड़ रहे हैं । उस आजादी से कोई पुलक नहीं आयी जीवन में । न कोई नृत्य आया, न कोई खुशी आयी, न कोई उत्साह आया, न कुछ ऐसा हुआ कि हम बदल दें जिंदगी को । हजारों साल के सिलसिले को तोड़ दें । नया मुल्क बनाएं । नया आदमी पैदा करें । कुछ भी पैदा नहीं हुआ । बस, इतना बस हुआ कि हमने झंडा बदल दिया । दूसरा झंडा फहरा दिया और नेता बदल दिए । हालांकि शरीर बदला नेताओं का । उनकी बुद्धि वही रही, जो पिछले नेताओं की थी, जो पिछले हुकूमत करने वालों की थी । बुद्धि वही की वही रही । कपड़े बदल गए । वह शेरवानी पहनकर खड़े हो गए । उनको लगा कि हम सब भारतीय हो गए ।

ठीक वैसी ही आजादी स्त्रियों के मामले में घटित हो रही है । नहीं, यह ठीक नहीं हो रहा है । हिंदुस्तान की नारी को, हिंदुस्तान की स्त्री को आजादी लेनी है । क्योंकि मूल्य आजादी मिलने का नहीं है । वह जो लेने की प्रक्रिया है, उसी में आत्मा पैदा होती है । इसको ठीक से समझ लेना चाहिए । वह जो लेने की प्रक्रिया है, वह जो जद्दोजहद है । वह जो संघर्ष है, वह जो स्ट्रगल है, उस स्ट्रगल में, लेने की प्रक्रिया में आत्मा पैदा होती है ।

आजादी मिलने से आत्मा पैदा नहीं होती । आजादी लेने की प्रक्रिया में

से गुजरना ही आजाद आत्मा का पैदा हो जाना है । आजादी उसका परिणाम है । आजादी आती है ।

लेकिन भारतीय स्त्री के साथ वही हो रहा है । आजादी उस पर आ रही है । थोपी जा रही है । वह बेमन से उसको स्वीकार करती चली जा रही है । और धीरे-धीरे पश्चिम की हवाएं उसको पश्चिम की तरफ ले जाएंगी और एक मौका चूक जाएगा । इस मौके को मैं बहुत क्रांति का अवसर कहता हूं ।

भारत की स्त्री को करना यह है कि पहले तो उसे स्पष्ट रूप से यह समझ लेना है कि पुरुष के व्यक्तित्व की शोध और खोज खत्म हो गई । पुरुष ने जो मार्ग पकड़ा था पांच-छः हजार वर्षों में, वह डैड एंड पर आ गया, अब उसके आगे कोई । रास्ता नहीं है ।

स्त्री को पहली दफा सोचना है, क्या स्त्री भी एक नई संस्कृति को जन्म देने के आधार रख सकती हैं ? कोई संस्कृति जहां युद्ध और हिंसा न हो । कोई संस्कृति जहां प्रेम, सहानुभूति और दया हो । कोई संस्कृति जो विजय के लिए बहुत आतुर न हो । जीने के लिए आतुर हो । जीने की आतुरता हो । जीवन को जीने की कला और जीवन को शांति से जीने की आस्था और निष्ठा पर खड़ी किसी संस्कृति को स्त्री जन्म दे सकती है ? स्त्री जरूर जन्म दे सकती है ।

आज तक चाहे युद्ध में कोई कितना ही मरा हो, स्त्री का मन निरंतर—प्राण उसके दुःख से भरे रहे । उसका भाई मरता है, उसका बेटा मरता है, उसका बाप मरता है, पति मरता है, प्रेमी मरता है । स्त्री का कोई न कोई युद्ध में जाकर मरता है ।

अगर सारी दुनिया की स्त्रियां एक बार तय कर लें कि भाड़ में जाने दें रूस को, अमेरिका को । सारी दुनिया की स्त्रियां एक बार तय कर लें युद्ध नहीं होगा । दुनिया का कोई राजनीतिक युद्ध में कभी किसी को नहीं घसीट सकता । सिर्फ स्त्रियां तय कर लें, युद्ध अभी नहीं होगा, तो नहीं हो सकता है । क्योंकि कौन जाएगा युद्ध पर ? कोई बेटा जाता है, कोई पति जाता है, कोई बाप जाता है । स्त्रियां एक बार तय कर लें ।

लेकिन स्त्रियां पागल हैं। युद्ध होता है तो टीका करती हैं कि जाओ युद्ध पर! पाकिस्तानी मां पाकिस्तानी बेटे के माथे पर टीका करती है कि जाओ युद्ध पर! हिंदुस्तानी मां हिंदुस्तानी बेटे के माथे पर टीका करती है कि जाओ बेटे युद्ध पर जाओ।

पता चलता है कि स्त्री को कुछ पता नहीं कि क्या हो रहा है। वह पुरुष के जाल में सिर्फ एक खिलौना, हर जगह एक खिलौना बन जाती है। चाहे पाकिस्तानी बेटा मरता हो और चाहे हिंदुस्तानी किसी मां का बेटा मरता है। यह स्त्री को समझना होगा। और चाहे रूस का पति मरता हो चाहे अमेरिका का। स्त्री को समझना होगा उसका पति मरता है।

और अगर सारी दुनिया की स्त्रियों को एक खयाल पैदा हो जाए कि अब हमें अपने पति को, अपने बेटे को, अपने बाप को युद्ध पर नहीं भेजना है, तो फिर पुरुष की लाख कोशिश और राजनीतिकों की हर चेष्टा व्यर्थ हो सकती है। युद्ध नहीं हो सकता है।

यह स्त्री की इतनी बड़ी शक्ति है, लेकिन उसने उसका कोई उपयोग नहीं किया। उसने कभी कोई आवाज नहीं की, उसने कोई फिक्र नहीं की। वह आदमी ने, पुरुष ने जो रेखाएं खींची हैं राष्ट्रों की, उनको वह भी मान लेती है।

प्रेम कोई रेखाएं नहीं मान सकता, हिंसा रेखाएं मानती है।

हम कहते हैं भारतमाता! भारतमाता जैसी कोई चीज दुनिया में नहीं है। अगर है भी कोई तो पृथ्वीमाता जैसी कोई चीज हो सकती है? भारतमाता पुरुष की ईजाद है! अपने हाथ से उसने कीलें ठोंक कर झंडे गाड़ दिए हैं! और कहा कि यह भारत अलग!

लेकिन मुझे ऐसा लगता है कि स्त्री के मन में आज भी और हमेशा से कभी भी सीमा नहीं रही है, उन अर्थों में जिन अर्थों में पुरुष के मन में सीमा है। क्योंकि जहां भी प्रेम है, वहां सीमा नहीं होती। सारी दुनिया की स्त्रियों को एक तो बुनियादी यह खयाल जाग जाना चाहिए कि हम एक नई संस्कृति को, एक नए समाज को, एक नई सभ्यता को जन्म दे सकती हैं—जो पुरुष का आधार है, उसके ठीक विपरीत आधार रखकर।

भारत में यह बहुत सुविधा से हो सकता है। भारत में यह रूपांतरण बहुत आसानी से हो सकता है। तो पहली तो बात यह है कि दुनिया की स्त्रियों की एक शक्ति और एक आवाज, एक आत्मा निर्मित होनी चाहिए। और वह दो तरह की बगावत करे। पुरुष की सारी संस्कृति को कहे कि गलत है। और वह गलत है। अधूरी है और खतरनाक है।

दूसरी बात, स्त्री के मन में जो प्रेम है, उस प्रेम का भी पूरा विकास नहीं हो सका है। पुरुष ने उस पर भी दीवालें बांधी हैं। उस पर भी उसने कारागृह खड़ा किया है कि प्रेम की इतनी सीमा है कि इससे आगे मत जाने देना। प्रेम से पुरुष बहुत भयभीत है। वह प्रेम पर पच्चीस रुकावटें डालता है। कारागृह बनाता है। उस कारागृह ने दुनिया में स्त्री के प्रेम को विकसित नहीं होने दिया फैलाने नहीं दिया। उस सुगंध से दुनिया को भरने नहीं दिया। स्त्री को इस तरफ भी बगावत करनी जरूरी है कि वह कहे कि प्रेम पर सीमाएं हम तोडेंगे।

प्रेम की कोई सीमा नहीं है और प्रेम की अपनी पवित्रता है।

सारी सीमाएं उस पवित्रता को नष्ट करती हैं और गंदा करती हैं। उस सीमा को फैलाना है। उसकी सीमा बढ़नी चाहिए, फैलनी चाहिए। अगर वह फैलती है तो जैसे पॉजेसिव पुरुष की एक प्रवृत्ति है—पॉजेस करने की. . . ।

कभी आपने खयाल किया, पुरुष की सारी प्रवृत्ति है, इकट्ठा करो। मालिक बन जाओ। स्त्री की सारी प्रवृत्ति है, दे दो। मालकियत छोड़ दो। किसी को दे दो। स्त्री का सारा आनंद दे देने में है और पुरुष का सारा आनंद कब्जा कर लेने में। यह कब्जा करनेवाला पुरुष ही दुनिया में युद्ध का कारण बना है।

अगर दुनिया में कभी भी हमें गैर-युद्ध वाली दुनिया बनानी हो तो ध्यान रखना पड़ेगा, इकट्ठा कर लेना, पॉजेस कर लेना, मालिक बन जाना, इस प्रवृत्ति को जगह न दे देने की हिम्मत जुटानी पड़ेगी। नहीं तो. . . ।

मैंने सुना है एक छोटा-सा गीत, रवींद्रनाथ ने लिखा है। और मुझे बहुत प्रीतिकर लगी वह कहानी, जो गीत में उन्होंने गायी है। गाया है कि एक भिखारी एक दिन सुबह अपने घर के बाहर निकला। त्योहार का दिन है।

आज गांव में बहुत भिक्षा मिलने की संभावना है। वह अपनी झोली में थोड़े-से दाने डालकर चावल के, बाहर आया।

चावल के दाने उसने डाल दिए हैं अपने झोली में। क्योंकि झोली अगर भरी दिखाई पड़े तो देने वाले को आसानी होती है। उसे लगता है किसी और ने भी दिया है। सब भिखारी अपने हाथ में पैसे लेकर अपने घर से निकलते हैं, ताकि देने वाले को संकोच मालूम पड़े कि नहीं दिया तो अपमानित हो जाऊंगा—और लोग दे चुके हैं।

आपकी दया—आपकी दया काम नहीं करती भिखारी को देने में। आपका अहंकार काम करता है—और लोग दे चुके हैं, और मैं कैसे न दूं।

वह डालकर निकला है थोड़े-से दाने। थोड़े-से दाने उसने डाल रखे हैं चावल के। बाहर निकला है। सूरज निकलने के करीब है। रास्ता सोया है। अभी लोग जाग रहे हैं। देखा है उसने, राजा का रथ आ रहा है। स्वर्ण रथ—सूरज की रोशनी में चमकता हुआ।

उसने कहा, धन्य भाग्य मेरे! भगवान को धन्यवाद। आज तक कभी राजा से भिक्षा नहीं मांग पाया, क्योंकि द्वारपाल बाहर से ही लौटा देते। आज तो रास्ता रोककर खड़ा हो जाऊंगा! आज तो झोली फैला दूंगा। और कहूंगा, महाराज! पहली दफा भिक्षा मांगता हूं। फिर सम्राट् तो भिक्षा देंगे। तो कोई ऐसी भिक्षा तो न होगी। जन्म-जन्म के लिए मेरे दुःख पूरे हो जाएंगे। वह कल्पनाओं में खोकर खड़ा हो गया।

रथ आ गया। वह भिखारी अपनी झोली खोले, इससे पहले ही राजा नीचे उतर आया। राजा को देखकर भिखारी तो घबड़ा गया और राजा ने अपनी झोली अपना वस्त्र भिखारी के सामने कर दिया। तब तो वह बहुत घबड़ा गया। उसने कहा आप! और झोली फैलाते हैं?

राजा ने कहा, ज्योतिषियों ने कहा है कि देश पर हमले का डर है। और अगर मैं जाकर आज राह पर भीख मांग लूं तो देश बच सकता है। वह पहला आदमी जो मुझे मिले, उसी से भीख मांगनी है। तुम्हीं पहले आदमी हो। कृपा करो। कुछ दान दो। राष्ट्र बच जाए।

उस भिखारी के तो प्राण निकल गए। उसने हमेशा मांगा था। दिया तो कभी भी नहीं था। देने की उसे कहीं कल्पना ही नहीं थी। कैसे दिया जाता है, इसका कोई अनुभव नहीं था। सब मांगता था। बस मांगता था। और देने की बात आ गई, तो उसके प्राण तो रुक ही गए! मिलने का तो सपना गिर ही गया। और देने की उल्टी बात! उसने झोली में हाथ डाला। मुट्ठी भर दाने हैं वहां। भरता है मुट्ठी, छोड़ देता है। हिम्मत नहीं होती कि दे दें।

राजा ने कहा, कुछ तो दे दो। देश का खयाल करो। ऐसा मत करना कि मना कर दो। अन्यथा बहुत हानि हो जाएगी। बहुत मुश्किल से, बहुत कठिनाई से एक दाना भर उसने निकाला और राजा के वस्त्र में डाल दिया। राजा रथ पर बैठा। रथ चला गया। धूल उड़ती रह गई।

और साथ में दुःख रह गया कि एक दाना अपने हाथ से आज देना पड़ा। भिखारी का मन देने का नहीं होता। दिन भर भीख मांगी। बहुत भीख मिली। लेकिन चित्त में दुःख बना रहा एक दाने का, जो दिया था।

कितना ही मिल जाए आदमी को, जो मिल जाता है, उसका धन्यवाद नहीं होता, जो नहीं मिल पाया, जो छूट गया, जो नहीं है पास, उसकी पीड़ा होती है।

लौटा सांझ दुःखी, इतना कभी नहीं मिला था! झोला लाकर पटका। पत्नी नाचने लगी। कहा, इतनी मिल गयी भीख! नाच मत पागल! तुझे पता नहीं, एक दाना कम है, जो अपने पास हो सकता था।

फिर झोली खोली। सारे दाने गिर पड़े। फिर वह भिखारी छाती पीटकर रोने लगा, अब तक तो सिर्फ उदास था। रोने लगा। देखता कि दानों की उस कतार में, उस भीड़ में एक दाना सोने का हो गया। तो वह चिल्ला-चिल्लाकर रोने लगा कि मैं अवसर चूक गया। बड़ी भूल हो गयी। मैं सब दाने दे देता, सब सोने के हो जाते। लेकिन कहां खोजूं उस राजा को? कहां जाऊं? कहां वह रथ मिलेगा? कहां राजा द्वार पर हाथ फैलाएगा? बड़ी मुश्किल हो गयी। क्या होगा? अब क्या होगा? वह तड़फने लगा।

उसकी पत्नी ने कहा, तुझे पता नहीं, शायद जो हम देते हैं, वह स्वर्ण का

हो जाता है। जो हम कब्जा कर लेते हैं, वह सदा मिट्टी का हो जाता हैं।

जो जानते हैं, वे गवाही देंगे इस बात की; जो दिया है, वही स्वर्ण का हो गया।

मृत्यु के क्षण में आदमी को पता चलता है, जो रोक लिया था, वह पत्थर की तरह छाती पर बैठ गया है। जो दिया था, जो बांट दिया था, वह हल्का कर गया। वह पंख बन गया। वह स्वर्ण हो गया। वह दूर की यात्रा पर मार्ग बन गया।

लेकिन स्त्री का पूरा व्यक्तित्व, देने वाला व्यक्तित्व है।

और अब तक हमने जो दुनिया बनायी है, वह लेनेवाले व्यक्तित्व की है। लेने वाले व्यक्तित्व के कारण पूंजीवाद है। लेने वाले व्यक्तित्व के कारण साम्राज्यशाही है। लेनेवाले व्यक्तित्व के कारण युद्ध है, हिंसा है।

क्या हम देनेवाले व्यक्तित्व के आधार पर कोई समाज का निर्माण कर सकते हैं? यह हो सकता है। लेकिन यह पुरुष नहीं कर सकेगा। यह स्त्री कर सकती है। और स्त्री सजग हो, कांशस हो, जागे तो कोई भी कठिनाई नहीं।

एक क्रांति, बड़ी से बड़ी क्रांति दुनिया में स्त्री को लानी है। वह यह, एक प्रेम पर आधारित—देने वाली संस्कृति; जो मांगती नहीं, इकट्ठा नहीं करती, देती है। ऐसी एक संस्कृति निर्मित करनी है। ऐसी संस्कृति के निर्माण के लिए जो भी किया जा सके, वह सब... उस सबसे बड़ा धर्म स्त्री के सामने आज कोई और नहीं।

यह थोड़ी-सी बात मैंने कही। पुरुष के संसार को बदल देना है आमूल। स्त्री के हृदय में जो छिपा है, उसकी छाया को फैलाना है। उस वृक्ष को बड़ा करना है, तो शायद एक अच्छी मनुष्यता का जन्म हो सकता है। स्त्री के जीवन में चेतना की क्रांति सारी मनुष्यता के लिए क्रांति बन सकती है।

कौन करेगा लेकिन यह? स्त्रियां न सोचतीं, न विचारतीं। स्त्रियां न इकट्ठा हैं, न कोई सामूहिक आवाज है, न उसकी कोई आत्मा है! शायद पुरानी पीढ़ी नहीं कर सकेगी। लेकिन नई पीढ़ी की लड़कियां कुछ अगर

हिम्मत जुटाएंगी और फिर पुरुष होने की नकल और बेवकूफी में नहीं पड़ेंगी तो यह क्रांति निश्चित हो सकती है। उनकी तरफ बहुत आशा से भरकर देखा जा सकता है।

मेरी ये सब बातें इतने प्रेम और शांति से सुनीं, इससे बहुत अनुगृहीत हूं और अंत में सबके भीतर बैठे हुए परमात्मा को प्रणाम करता हूं। मेरे प्रणाम स्वीकार करें।

नारी एक और आयाम

स्त्री और पुरुष के इतिहास में भेद की, भिन्नता की, लंबी कहानी जुड़ी हुई है। बहुत प्रकार के वर्ग हमने निर्मित किए हैं। गरीब का, अमीर का, धन के आधार पर, पद के आधार पर। और सबसे आश्चर्य की बात तो यह है कि हमने स्त्री-पुरुष के बीच भी वर्गों का निर्माण किया है ! शायद हमारे और सारे वर्ग जल्दी मिट जाएंगे, स्त्री-पुरुष के बीच खड़ी की गयी दीवाल को मिटाने में बहुत समय लग सकता है। बहुत कारण हैं।

स्त्री और पुरुष भिन्न हैं, यह तो निश्चित है, लेकिन असमान नहीं।

भिन्नता और असमानता दो अलग बातें हैं। भिन्न होना एक बात है। सच में एक आदमी दूसरे आदमी से भिन्न है ही। कोई आदमी समान नहीं है। कोई पुरुष भी समान नहीं है। स्त्री और पुरुष भी भिन्न हैं। लेकिन भिन्नता को वर्ग बनाना, ऊंचा-नीचा बनाना, मनुष्य का पुराना षड़यंत्र और शैतानी रही है।

हजारों वर्षों का अतीत का इतिहास स्त्री के शोषण का इतिहास भी है। पुरुष ने ही चूंकि सारे कानून निर्मित किए हैं, और पुरुष चूंकि शक्तिशाली था, उसने स्त्री पर जो भी थोपना चाहा, थोप दिया।

जब तक स्त्री के ऊपर से गुलामी नहीं उठती, तब तक दुनिया से गुलामी

का बिल्कुल अंत नहीं हो सकता ।

राष्ट्र स्वतंत्र हो जाएंगे । आज नहीं कल, गरीब और अमीर के बीच के फासले भी कम हो जाएंगे, लेकिन स्त्री और पुरुष के बीच शोषण का जाल सबसे गहरा है । स्त्री और पुरुष के बीच फासले की कहानी इतनी लंबी हो गयी है कि करीब-करीब भूल गयी है । स्वयं स्त्रियों को भी भूल गयी है, पुरुषों को भी भूल गयी है !

इस संबंध में थोड़ी बातें विचार करना उपयोगी होगा । इसलिए कि आने वाली जिंदगी को जिसे आप बनाने में लगेंगे—हो सकता है स्त्री और पुरुष के बीच समानता का, स्वतंत्रता का, एक समाज और एक परिवार निर्मित कर सकें । अगर खयाल ही न हो तो हम पुराने ढांचों में ही फिर घूमकर जीने लगते हैं । हमें पता भी नहीं चलता कि हमने कब पुरानी लीकों पर चलना शुरू कर दिया है !

आदमी सबसे ज्यादा सुगम इसे ही पाता है कि जो हो रहा था, वैसा ही होता चला जाए, लीस्ट रेसिस्टेंस वहीं है । इसलिए पुराने ढंग का परिवार चलता चला जाता है । पुरानी समाज व्यवस्था चली जाती है । पुराने ढंग से सोचने के ढंग चलते चले जाते हैं । तोड़ने में कठिनाई मालूम पड़ती है, बदलने में मुश्किल मालूम पड़ती है—दो कारणों से । एक तो पुराने की आदत और दूसरा नए को निर्माण करने की मुश्किल ।

सिर्फ वे ही पीढ़ियां पुराने को तोड़ती हैं, जो नए को सृजन देने की क्षमता रखती हैं । विश्वास रखती हैं स्वयं पर । और स्वयं का विश्वास न हो तो हम पुरानी पीढ़ी के पीछे चलते चले जाते हैं । वह पुरानी पीढ़ी भी अपने से पुरानी पीढ़ी के पीछे चल रही है ! कुछ छोटी-सी स्मरणीय बातें पहले हम खयाल कर लें—स्त्री और पुरुष के बीच फासले, असमानता किस-किस रूप में खड़ी हुई हैं ।

भिन्नता सुनिश्चित है और भिन्नता होनी ही चाहिए ।

भिन्नता ही स्त्री को व्यक्तित्व देती है और पुरुषों को व्यक्तित्व देती है ।

लेकिन हमने भिन्नता को ही असमानता में बदल दिया । इसलिए सारी

दुनिया में स्त्रियां भिन्नता को तोड़ने की कोशिश कर रही हैं, ताकि वे ठीक पुरुष जैसी मालूम पड़ने लगें। उन्हें शायद खयाल है कि इस भांति असमानता भी टूट जाएगी।

मैंने सुना है, एक सिनेमा गृह के सामने अमरीका के किसी नगर में बड़ी भीड़ है। क्यू लगा हुआ है। लंबी कतार है। लोग टिकट लेने को खड़े हैं। एक बूढ़े आदमी ने अपने सामने खड़े हुए व्यक्ति से पूछा, आप देखते हैं, वह सामने जो लड़का खड़ा हुआ है, उसने किस तरह लड़कियों जैसे बाल बढ़ा रखे हैं। उस सामनेवाले व्यक्ति ने कहा, माफ करिए, वह लड़का नहीं है, वह मेरी लड़की है। उस बूढ़े ने कहा, क्षमा करिए, मुझे क्या पता था कि आपकी लड़की है। तो आप उसके पिता हैं? उसने कहा कि नहीं, मैं उसकी मां हूं!

कपड़ों का फासला कम किया जा रहा है। धीरे-धीरे कपड़े करीब एक जैसे होते जा रहे हैं। हो सकता है, सौ वर्ष बाद कपड़ों के आधार पर फर्क करना मुश्किल हो जाए। लेकिन, कपड़ों के फासले कम हो जाने से भिन्नता नहीं मिट जाएगी। भिन्नता गहरी, बायोलॉजिकल, जैविक और शारीरिक है। भिन्नता साइकोलॉजिकल भी है बहुत गहरे में। कपड़ों से कुछ फर्क नहीं पड़ जाने वाला है।

पुरुषों ने भी भिन्नता मिटाने के बहुत प्रयोग किए हैं। हमें खयाल में नहीं है। क्योंकि हम आदी हो जाते हैं। राम, कृष्ण, बुद्ध और महावीर की मूर्तियां और चित्र आपने देखे होंगे। और अगर सोचते होंगे थोड़ा-बहुत तो यह खयाल आया होगा कि इन लोगों के चेहरे पर दाढ़ी मूंछ क्यों दिखायी नहीं पड़ते? असंभव है यह बात। एकाध के साथ हो भी सकता है कि किसी एक राम, कृष्ण, महावीर किसी एक को दाढ़ी मूंछ न रही हो। यह संभव है। कभी हजार में एक पुरुष को नहीं भी होती। लेकिन चौबीस जैनियों के तीर्थंकर, हिंदुओं के सब अवतार, बुद्धों की सारी कल्पना, किसको दाढ़ी मूंछ नहीं है! कुछ कारण है। पुरुष को ऐसा लगा है कि स्त्री सुंदर है, तो स्त्री जैसे होने से जैसे पुरुष भी सुंदर हो जाएगा। फिर राम और कृष्ण को तो हमने मान लिया कि उनको दाढ़ी मूंछ होती ही नहीं। फिर हम क्या करें? तो सारी जमीन पर

पुरुष दाढ़ी मूंछ को काटने की कोशिश में लगा है। स्त्री जैसा चेहरा बनाने की चेष्टा चल रही है। उससे भी कोई भेद मिट जाने वाले नहीं हैं।

न कपड़े बदलने से कोई फर्क पड़नेवाला है। न सपनों पर ऊपरी फर्क कर लेने से कुछ फर्क पड़नेवाला है। भेद गहरा है और अगर भेद मिटाने की कोशिश से हम चाहते हों कि असमानता मिटे तो असमानता कभी नहीं मिटेगी। असमानता हमारी थोपी हुई है। भेद में असमानता नहीं है। दो भिन्न व्यक्ति बिल्कुल समान हो सकते हैं। समान प्रतिष्ठा दी जा सकती है।

पहली भूल मनुष्य ने यह की कि भिन्नता को असमानता समझा। डिफरेंस को इनइक्वालिटी समझा। और अब उसी भूल पर दूसरी भूल चल रही है कि हम भिन्नता को कम कर लें। जो काम पुरुष करते हैं, वे ही स्त्रियां करें! जो कपड़े वे पहनते हैं, वे हम भी पहनें! जिस भाषा का वे उपयोग करते हैं, स्त्रियां भी वैसी ही करें! अमेरिका में जिन शब्दों का उपयोग स्त्रियों ने कभी भी नहीं किया था मनुष्य के इतिहास में, कुछ गालियां सिर्फ पुरुष ही देते हैं, वह उनका गौरव है। अमेरिका की लड़कियां उन्हीं गालियों को देने के लिए भी चेष्टा में संलग्न हैं! उन गालियों का भी उपयोग कर रही हैं! क्योंकि पुरुष के साथ समान खड़े हो जाने की बात है।

और समानता का खयाल ऐसा है कि हम शायद भेद, भिन्नता को किसी तरह से लीप-पोत कर एक-सा कर दें, तो शायद समानता उपलब्ध हो जाए। नहीं, समानता उससे उपलब्ध नहीं होगी, क्योंकि असमानता का भी मूल आधार वह नहीं है। असमानता किन्हीं और कारणों से निर्मित हुई है। और जैसे हम कहानी सुनते हैं कि सत्यवान मर गया है, सावित्री उसे दूर से जाकर लौटा लायी है। लेकिन कभी कोई कहानी ऐसी सुनी कि पत्नी मर गयी हो और पति दूर से जाकर लौटा लाया हो। नहीं सुनी है हमने।

स्त्रियां लाखों वर्ष तक इस देश में पुरुषों के ऊपर बर्बाद होती रही हैं। मरकर सती होती रही हैं। कभी ऐसा सुना, कि कोई पुरुष भी किसी स्त्री के लिए सती हो गया हो? क्योंकि सारा नियम, सारी व्यवस्था, सारा अनुशासन पुरुष ने पैदा किया है। वह स्त्री पर थोपा हुआ है। सारी कहानियां उसने गढ़ी

हैं। वह कहानियां गढ़ता है, जिसमें पुरुष को स्त्री बचाकर लौट आती है। और ऐसी कहानी नहीं गढ़ता, जिसमें पुरुष स्त्री को बचाकर लौटता हो।

स्त्री गयी कि पुरुष दूसरी स्त्री की खोज में लग जाता है, उसको बचाने का सवाल नहीं है। पुरुष ने अपनी सुविधा के लिए सारा इंतजाम कर लिया है। असल में जिसके पास थोड़ी-सी भी शक्ति हो, किसी भांति की, वे जो थोड़ी भी निर्बल हों किसी भी भांति से, उनके ऊपर सवार हो ही जाते हैं। मालिक बन ही जाते हैं। गुलामी पैदा हो जाती है।

पुरुष थोड़ा शक्तिशाली है शरीर की दृष्टि से। ऐसे यह शक्तिशाली होना किन्हीं और कारणों से पुरुष को पीछे भी डाल देता है। पुरुष के पास स्ट्रैंग्थ और शक्ति ज्यादा है। लेकिन रेसिस्टेंस उतनी ज्यादा नहीं है, जितनी स्त्री के पास है। और अगर पुरुष और स्त्री दोनों को किसी पीड़ा में सफरिंग में से गुजरना पड़े तो पुरुष जल्दी टूट जाता है। स्त्री ज्यादा देर तक टिकती है। रेसिस्टेंस उसकी ज्यादा है। प्रतिरोधक शक्ति उसकी ज्यादा है। लेकिन सामान्य शक्ति कम है। शायद प्रकृति के लिए यह जरूरी है कि दोनों में यह भेद हो, क्योंकि स्त्री कुछ पीड़ाएं झेलती है जो पुरुष अगर एक बार भी झेले, तो फिर सारी पुरुष जाति कभी झेलने को राजी नहीं होगी। नौ महीने तक एक बच्चे को पेट में रखना और उसे जन्म देने की पीड़ा और फिर उसे बड़ा करने की पीड़ा, वह कोई पुरुष कभी राजी नहीं होगा। अगर एक रात भी एक छोटे बच्चे के साथ पति को छोड़ दिया जाए तो या तो वह उसकी गर्दन दबाने की सोचेगा या अपनी गर्दन दबाने की सोचेगा।

मैंने सुना है, एक दिन सुबह मास्को की सड़क पर एक आदमी छोटी-सी बच्चों की गाड़ी को धक्का देता हुआ चला जा रहा है। सुबह है लोग घूमने निकले हैं। फूल खिले हैं, पक्षी खिले हैं। वह आदमी रास्ते में चलते-चलते बार-बार यह कहता है अब्राहम शांत रह—अब्राहम उसका नाम होगा। पता नहीं, वह किससे कह रहा है। वह बार-बार कहता है, अब्राहम शांत रह। अब्राहम धीरज रख। बच्चा रो रहा है। वह गाड़ी को धक्के दे रहा है। एक बूढ़ी औरत उसके पास आती है। वह कहती है, क्या बच्चे का नाम अब्राहम

है ?

वह आदमी कहता है, क्षमा करना, अब्राहम मेरा नाम है । मैं अपने को समझा रहा हूं । शांत रह, धीरज रख, अभी घर आया चला जाता है । इस बच्चे को तो समझाने का सवाल ही नहीं है । अपने को समझा रहा हूं कि किसी तरह दोनों सही सलामत घर पहुंच जाएं ।

स्त्री के पास एक प्रतिरोधक शक्ति है, जो प्रकृति ने उसे दी है । एक रेसिस्टेंस की ताकत है । बहुत बड़ी ताकत है । कितनी ही पीड़ा और कितने ही दुःख और कितने ही दमन के बीच वह जिंदा रहती है और मुस्करा भी सकती है । पुरुषों ने जितना दबाया है स्त्री को, अगर स्त्रियों ने उस दमन को, उस पीड़ा को कष्ट से लिया होता तो शायद वे कभी की टूट गयी होतीं । लेकिन वे नहीं टूटी हैं । उनकी मुस्कराहट भी नहीं टूटी है । इतनी लंबी परतंत्रता के बाद भी उसके चेहरे पर कम तनाव है पुरुष की बजाय ।

रेसिस्टेंस की, झेलने की, सहने की टालरेंस की, सहिष्णुता की बड़ी शक्ति उसके पास है । लेकिन मस्कुलर, बड़े पत्थर उठाने की, और बड़ी कुल्हाड़ी चलाने की शक्ति पुरुष के पास है । शायद जरूरी है कि पुरुष के पास वैसी शक्ति ज्यादा हो । उसे कुछ काम करने हैं जिंदगी में, वह वैसी शक्ति की मांग करते हैं । स्त्री को जो काम करने हैं, वह वैसी शक्ति की मांग करते हैं । और प्रकृति या अगर हम कहें परमात्मा इतनी व्यवस्था देता है जीवन को कि सब तरफ से जो जरूरी है जिसके लिए, वह उसको मिल जाता है ।

कभी हमने खयाल भी नहीं किया । जमीन पर, इतनी बड़ी पृथ्वी पर कोई तीन-साढ़े तीन अरब लोग हैं स्त्रियां-पुरुष सब मिलाकर । किसी घर में लड़के ही लड़के पैदा हो जाते हैं । किसी घर में लड़कियां भी हो जाती हैं । लेकिन अगर पूरी पृथ्वी का हम हिसाब रखें तो लड़के और लड़कियां करीब-करीब बराबर पैदा होते हैं । पैदा होते वक्त बराबर नहीं होते । लेकिन पांच छः साल में बराबर हो जाते हैं, पैदा होते वक्त 125 लड़के पैदा होते हैं सौ लड़कियों पर । क्योंकि लड़कों का रेसिस्टेंस कम है । पच्चीस लड़के तो जवान

होते-होते मर जाने वाले हैं। लड़के ज्यादा पैदा होते हैं। लड़कियां कम पैदा होती हैं, लेकिन जवान होते-होते लड़के और लड़कियों की संख्या दुनिया में करीब-करीब बराबर हो जाती है।

कोई बहुत गहरी व्यवस्था भीतर काम करती है। नहीं तो कभी ऐसा भी हो सकता है, इसमें कोई दुर्घटना तो नहीं कि जमीन पर स्त्रियां हो जाएं एकबार। या पुरुष ही पुरुष हो जाएं। यह संभावना है, अगर बिल्कुल अंधेरे में व्यवस्था चल रही हो। लेकिन भीतर कोई नियम काम करता है। और नियम के पीछे बायोलॉजिकल व्यवस्था है। जितने अणु होते हैं, वीर्याणु होते हैं; उनमें आधे स्त्रियों को पैदा करने में समर्थ हैं, आधे पुरुषों को इसलिए कितना ही एक घर में भेद पड़े, लंबे विस्तार पर भेद बराबर हो जाता है।

स्त्री को वह शक्तियां मिली हुई हैं, जो उसे अपने काम को—और स्त्री का बड़े से बड़ा काम उसका मां होना है। उससे बड़ा काम संभव नहीं है। और शायद मां होने से बड़ी कोई संभावना पुरुष के लिए तो है ही नहीं। स्त्री के लिए भी नहीं है। मां होने की संभावना हम सामान्य रूप से ग्रहण कर लेते हैं।

कभी आपने नहीं सोचा होगा, इतने पेंटर हुए, इतने मूर्तिकार हुए, इतने चित्रकार, इतने कवि, इतने आर्किटेक्ट, लेकिन स्त्री कोई एक बड़ी चित्रकार नहीं हुई! कोई एक स्त्री बड़ी आर्किटेक्ट, वास्तुकला में अग्रणी नहीं हुई! कोई एक स्त्री ने बहुत बड़े संगीत को जन्म नहीं दिया! कोई एक स्त्री ने कोई बहुत अद्‌भुत मूर्ति नहीं काटी! सृजन का सारा काम पुरुष ने किया है। और कई बार पुरुष को ऐसा खयाल आता है कि क्रिएटिव, सृजनात्मक शक्ति हमारे पास है। स्त्री के पास कोई सृजनात्मक शक्ति नहीं है।

लेकिन बात उल्टी है। स्त्री पुरुष को पैदा करने में इतना बड़ा श्रम कर लेती है कि और कोई सृजन करने की जरूरत नहीं रह जाती। स्त्री के पास अपना एक क्रिएटिव एक्ट है। एक सृजनात्मक कृत्य है, जो इतना बड़ा है कि पत्थर की मूर्ति बनाना और एक जीवित व्यक्ति को बड़ा करना... लेकिन स्त्री के काम को हमने सहज स्वीकार कर लिया है। और इसीलिए स्त्री की सारी

सृजनात्मक शक्ति उसके मां बनने में लग जाती है। उसके पास और कोई सृजन की न सुविधा बचती है, न शक्ति बचती है। न कोई आयाम, कोई डायमेंशन बचता है। न सोचने का कोई सवाल है।

एक छोटे-से घर को सुंदर बनाने में—लेकिन हम कहेंगे, छोटे-से घर को सुंदर बनाना, कोई माइकल एंजलो तो पैदा नहीं हो सकता, कोई वानगाग तो पैदा नहीं हो जाएगा। कोई इजरा पाउंड तो पैदा नहीं होगा। कोई कालिदास तो पैदा नहीं होगा। एक छोटे-से घर को. . . लेकिन मैं कुछ घरों में जाकर ठहरता रहा हूं।

एक घर में ठहरता था, मैं हैरान हो गया। गरीब घर है। बहुत संपन्न नहीं है। लेकिन इतना साफ-सुथरा, इतना स्वच्छ मैंने कोई घर नहीं देखा। लेकिन उस घर की प्रशंसा करने कोई कभी नहीं जाएगा। घर की गृहणी उस घर को ऐसा पवित्र बना रही है कि कोई मंदिर भी उतना स्वच्छ और पवित्र नहीं मालूम पड़ता है। लेकिन उसकी कौन फिक्र करेगा? कौन माइकेल एंजलो, कालिदास और वानगाग में उसकी गिनती करेगा? वह खो जाएगी। वह एक ऐसा काम कर रही है, जिसके लिए कोई प्रतिष्ठा नहीं मिलेगी। क्यों नहीं मिलेगी? नहीं मिलेगी यह, यह दुनिया पुरुषों की दुनिया है।

स्त्री के विकास, स्त्री की संभावनाओं, स्त्रियों की जो पोटेंशियलिटीज हैं, उनके जो आयाम, ऊंचाइयां हैं, उनको हमने गिनती में ही नहीं लिया है। अगर एक आदमी गणित में कोई नयी खोज कर ले तो नोबल प्राइज मिल सकता है। लेकिन स्त्रियां निरंतर सृजन के बहुत नए-नए आयाम खोजती हैं। कोई नोबेल प्राइज उनके लिए नहीं है। वह स्त्रियों की दुनिया नहीं है। स्त्रियों को सोचने के लिए, स्त्रियों को दिशा देने के लिए, उनके जीवन में जो हो, उसे भी मूल्य देने का हमारे पास कोई आधार नहीं है।

हम सिर्फ पुरुषों को आधार देते हैं! इसलिए अगर हम इतिहास उठाकर देखें तो उसमें चोर, डकैत, हत्यारे बड़े-बड़े आदमी मिल जाएंगे। उसमें चंगेज खां, तैमूर लंग और हिटलर और स्टैलिन और माओ सबका स्थान है। लेकिन उसमें हमें ऐसी स्त्रियां खोजने में बड़ी मुश्किल पड़ जाएगी। उनका

कोई उल्लेख ही नहीं है जिन्होंने सुंदर घर बनाया हो । जिन्होंने एक बेटा पैदा किया हो और जिसके साथ, जिसे बड़ा करने में सारी मां की ताकत, सारी प्रार्थना, सारा प्रेम लगा दिया हो । इसका कोई हिसाब नहीं मिलेगा ।

पुरुष की एक तरफा अधूरी दुनिया अब तक चली है । और जो पूरा इतिहास है, वह पुरुष का ही इतिहास है, इसलिए युद्धों का, हिंसाओं का इतिहास है ।

जिस दिन स्त्री भी स्वीकृत होगी और विराट मनुष्यता में उतना ही समान स्थान पा लेगी, जितना पुरुष का है, तो इतिहास भी ठीक दूसरी दिशा लेना शुरू करेगा ।

मेरी दृष्टि में जिस दिन स्त्री बिल्कुल समान हो जाती है, शायद युद्ध असंभव हो जाएं । क्योंकि युद्ध में कोई भी मरे, वह किसी का बेटा होता है । किसी का भाई होता है । किसी का पति होता है ।

लेकिन पुरुषों को मरने, मारने की ऐसी लंबी बीमारी है, क्योंकि बिना मरे-मारे, वह अपने पुरुषत्व को ही सिद्ध नहीं कर पाते हैं । वे यह बता ही नहीं पाते हैं कि मैं भी कुछ हूं । तो मरने-मारने का एक लंबा जाल और फिर जो मर जाए ऐसे जाल में उसको आदर देना ।

उन्होंने स्त्रियों को भी राजी कर लिया है कि जब तुम्हारे बेटे युद्ध पर जाएं तो तुम टीका करना ! रो रही है मां, आंसू टपक रहे हैं, और वह टीका कर रही है ! आशीर्वाद दे रही है ! यह पुरुष ने जबर्दस्ती तैयार करवाया हुआ है । अगर दुनिया भर की स्त्रियां तय कर लें, तो युद्ध असंभव हो जाएं ।

लेकिन सब व्यवस्था, सब सोचना, सारी संस्कृति, सारी सभ्यता पुरुष के गुणों पर खड़ी है । इसलिए पूरी मनुष्यता इतिहास की युद्धों का इतिहास है ।

अगर हम तीन हजार वर्ष की कहानी उठाकर देखें तो मुश्किल पड़ती है, कि आदमी कभी ऐसा रहा हो, जब युद्ध न किया हो । युद्ध चल ही रहा है । आज इस कोने में आग लगी है जमीन के । कल दूसरे कोने में । परसों दूसरे कोने में । आग लगी ही है । आदमी जल ही रहा है । आदमी मारा ही जा रहा है । और अब ? अब हम उस जगह पहुंच गए हैं जहां हमने बड़ा इंतजाम

किया है । अब हम आगे आदमी को बचने नहीं देंगे ।

अगर पुरुष सफल हो जाता है अपने अंतिम उपाय में, तीसरे महायुद्ध में तो शायद मनुष्यता नहीं बचेगी ।

इतना इंतजाम करवा लिया है कि हम पूरी पृथ्वी को नष्ट कर दें । पूरी तरह से नष्ट कर दें । यह पुरुष के इतिहास की आखिरी क्लाइमेक्स हो सकती थी चरम, वहां हम पहुंच गए हैं । यह हम क्यों पहुंच गए हैं ?

क्योंकि पुरुष गणित में सोचता है, प्रेम उसकी सोचने की भाषा नहीं है ।

ध्यान रहे, विज्ञान विकसित हुआ है । धर्म विकसित नहीं हो सका ।

और धर्म तब तक विकसित नहीं होगा जब तक स्त्री समान संस्कृति और जीवन में दान नहीं करती है । और उसे दान का मौका नहीं मिलता है ।

गणित से जो चीज विकसित होगी, वह विज्ञान है । गणित परमात्मा तक ले जाने वाला नहीं है । चाहे दो और दो कितने ही बार जोड़ो तो भी बराबर परमात्मा होने वाला नहीं है । गणित कितना ही बढ़ता चला जाए वह पदार्थ से ऊपर जाने वाला नहीं है ।

प्रेम परमात्मा तक पहुंच सकता है । लेकिन हमारी सारी खोज गणित की है । तर्क की है । वह विज्ञान लेकर खड़ा हो गया है । उसके आगे नहीं जाता ।

प्रेम की हमारी कोई खोज नहीं है । शायद प्रेम की बात करना भी हम स्त्रियों के लिए छोड़ देते हैं । या कवियों के लिए जिनको हम करीब-करीब स्त्रियों जैसा गिनती करते हैं । उनकी गिनती हम कोई पुरुषों में नहीं करते ।

नीत्शे ने तो एक अद्‌भुत बात लिखी है जो बहुत खतरनाक है । किसी को बुरी भी लग सकती है । नीत्शे ने कई बातें लिखी हैं; मैं मानता हूं, सच हैं । उसने तो प्रोज में लिखी है और गाली देने के इरादे से लिखी है, लेकिन बात सच है । नीत्शे ने लिखा है कि बुद्ध और क्राइस्ट को मैं वूमनिस्ट मानता हूं ! स्त्रैण मानता हूं ! बुद्ध और क्राइस्ट को मैं स्त्रैण मानता हूं । मैं पुरुष नहीं मानता । क्योंकि जो लड़ने की बात नहीं करते, और जो लड़ने से बचने की बात करते हैं वह पुरुष कैसे हो सकते हैं ? पुरुषत्व तो लड़ने में है ।

नीत्शे ने कहा, मैंने सुंदरतम जो दृश्य देखा है जीवन में, वह तब देखा,

जब सूरज की उगती रोशनी में सिपाहियों की चमकती हुई तलवारें और उनके चमकते हुए बूटों की आवाजें, उनका एक पंक्तिबद्ध, रास्ते से गुजरना, सूरज की रोशनी का गिरना, और पंक्तिबद्ध उनके पैरों की आवाज और उनकी चमकती हुई संगीनें—मैंने उससे सुंदर दृश्य जीवन में दूसरा नहीं देखा।

अगर यह आदमी, और यह मानता है कि ऐसा दृश्य सुंदर है, तो फूल स्त्रैण हो जाएंगे। निश्चित ही, जब चमकती हुई संगीनें सुंदर हैं तो फूल कहां टिकेंगे? फूलों को बाहर कर देना होगा सौंदर्य के।

और जब नीत्शे कहता है, जो लड़ते हैं, और लड़ सकते हैं, और लड़ते रहते हैं, युद्ध ही जिनका जीवन है, वे ही पुरुष हैं तो ठीक है। बुद्ध और क्राइस्ट और महावीर को अलग कर देना होगा। उनकी स्त्रियों में ही गिनता करनी पड़ेगी।

लेकिन दुनिया में जो भी प्रेम के रास्ते से गया हो, उसमें किसी न किसी अर्थो में नीत्शे का कहना ठीक है कि वह स्त्रैण है। यह अपमानजनक नहीं है। अगर पुरुष ने भी प्रेम किया हो तो, वह जो पुरुष की आम धारणाएं हैं युद्ध की, संघर्ष की, हिंसा की, वायलेंस की, वे गिर जाती हैं। और नयी धारणाएं पैदा होती हैं—सहयोग की, क्षमा की, प्रेम की।

एक बौद्ध भिक्षु था। उस भिक्षु का नाम था पूर्ण। उसकी शिक्षा पूरी हो गयी। शिक्षा पूरी हो जाने पर बुद्ध ने उससे कहा कि पूर्ण, अब तू जा और मेरे प्रेम की खबर लोगों तक पहुंचा दे। तू उन जगहों में जा जहां कोई भी न गया हो। तू मेरी खबर ले जा प्रेम की। हिंसा की खबरें बहुत पहुंचायी गयी हैं। कोई प्रेम की खबर भी पहुंचाए।

पूर्ण ने बुद्ध के पैर छुए और कहा कि मुझे आज्ञा दें कि मैं सूखा नाम का छोटा-सा बिहार का एक हिस्सा है, वहां जाऊं और आपका संदेश ले जाऊं। बुद्ध ने कहा, वहां तू मत जा, तो बड़ी कृपा हो। वहां के लोग अच्छे नहीं हैं। वहां के लोग बहुत बुरे हैं।

पूर्ण ने कहा, तब मेरी वहां जरूरत ही जरूरत है। जहां लोग बुरे हैं और

अच्छे नहीं हैं, वहीं तो प्रेम का संदेश ले जाना पड़ेगा।

बुद्ध ने कहा, फिर मैं तुझसे दो-तीन प्रश्न पूछता हूं। उत्तर दे दे। तब जा। सबसे पहले पूछता हूं, अगर वहां के लोगों ने तेरा अपमान किया, गालियां दीं तो तुझे क्या होगा? पूर्ण ने कहा क्या होगा? मैं सोचूंगा, लोग कितने अच्छे हैं, सिर्फ गालियां देते हैं, अपमान करते हैं, मारते नहीं हैं। मार भी सकते थे।

बुद्ध ने कहा, यहां तक भी ठीक है। लेकिन अगर वे मारने लगे, वे लोग बुरे हैं, मार भी सकते हैं। अगर उन्होंने मारा, और तेरे प्रेम के संदेश पर पत्थर फेंके और लकड़ियां तेरे सिर पर बरसीं तो तुझे क्या होगा?

पूर्ण ने कहा, क्या होगा, मुझे यही होगा कि लोग अच्छे हैं। सिर्फ मारते हैं, मार ही नहीं डालते।

बुद्ध ने कहा, मैं तीसरी बात और पूछता हूं। अगर उन्होंने तुझे मार ही डाला तो मरते क्षण में तेरे मन को क्या होगा?

पूर्ण ने कहा, मेरे मन को होगा, कितने भले लोग हैं, मुझे उस जीवन से मुक्त कर दिया, जिसमें भूल-चूक हो सकती थी। जिसमें मैं भटक भी सकता था। जिसमें मैं मारने को तैयार हो सकता था। उससे मुक्त कर दिया है।

बुद्ध ने कहा, अब तू जा। तेरा प्रेम पूरा हो गया है। और जिसका प्रेम पूरा हो गया है वही युद्ध के विपरीत, हिंसा के विपरीत खबर और हवा ले जा सकता है। तू जा।

स्त्रियां जिस दिन मनुष्य की संस्कृति में समान पुरुष के साथ खड़ी हो सकेंगी और मनुष्य की संस्कृति में आधा दान उनका होगा, उस दिन गणित अकेली चीज नहीं होगी। उस दिन प्रेम भी एक चीज होगी।

प्रेम गणित से बिल्कुल उल्टा है। धर्म विज्ञान से बिल्कुल उल्टा है। गणित की और ही दुनिया है।

मिलट्री में हम आदमियों के नाम हटा देते हैं। अगर आप भर्ती हो गए हैं या मैं भर्ती हो गया हूं तो 11, 12, 15 ऐसे नंबर हो जाएंगे। जब एक आदमी मरेगा तो मिलट्री के बाहर नोटिस लग जाएगा, 12 नंबर गिर गया। आदमी

नहीं मरता मिलट्री में। सिर्फ नंबर मरते हैं! आदमी के ऊपर भी हम नंबर लगा देते हैं, तो फर्क बहुत ज्यादा है।

अगर पता चले कि फलां आदमी मर गया, जिसकी पत्नी है, जिसके दो बेटे हैं, जिसकी बूढ़ी मां है, वे सब असहाय हो गए। फलां आदमी मर गया तो एक आदमी की तस्वीर उठती है। लेकिन 12 नंबर की न कोई पत्नी होती है, न कोई बेटे होते हैं। नंबर की कहीं पत्नियां और बेटे हुए हैं? नंबर बिल्कुल नंबर है। जब 12 नंबर गिरने का बोर्ड पर नोटिस लगता है तो लोग पढ़कर निकल जाते हैं।

गणित का एक सवाल जैसा होता है कि इतने नंबर गिर गए। इतने नंबर खत्म हो गए। दूसरे नंबर उनकी जगह खड़े हो जाएंगे। 12 नंबर दूसरे आदमी का लग जाएगा। दूसरा आदमी बारह नंबर की जगह खड़ा हो जाएगा। गणित में रिप्लेसमेंट संभव है। जिंदगी में तो नहीं। एक आदमी मरा, उसको अब दुनिया में कोई दूसरा आदमी उसकी जगह रिप्लेस नहीं हो सकता। लेकिन गणित में कोई कठिनाई नहीं है। गणित में हो सकता है। इसलिए तो मिलट्री में तकलीफ नही है। नंबर ही गिरते हैं, नंबर ही मरते हैं। और हमने पूरी व्यवस्था की है, गणित से सोचने वाला आदमी जो व्यवस्था करता है, वह इतनी ही कठोर यांत्रिक, मेकेनिकल और इतनी ही जड़ होती है।

मैंने सुना है कि जिस आदमी ने सबसे पहले एवरेज का नियम खोजा—जब कोई आदमी कोई नया नियम खोज लेता है तो बड़ी उत्सुकता से भर जाता है। हम तो जानते हैं, आर्कमिडीज तो नंगा ही बाहर निकल आया अपने टब के, और चिल्लाने लगा युरेका, युरेका; मिल गया, मिल गया। और भूल गया कि वह कपड़े नहीं पहने है, इतनी खुशी से भर गया।

जिस आदमी ने एवरेज का सिद्धांत खोजा, वह भी इतनी ही खुशी से भर गया होगा। जिस दिन उसने सिद्धांत खोजा, अपनी पत्नी अपने बच्चों को लेकर खुशी में पिकनिक पर गया।

एवरेज का मतलब... एवरेज का मतलब है कि हिंदुस्तान में एवरेज आदमी की कितनी आमदनी है। और मजा यह है कि एवरेज आदमी होता

ही नहीं। एवरेज आदमी बिल्कुल झूठी बात है। एवरेज आदमी कहीं नहीं मिलेगा। एवरेज आदमी एक रुपया है तो आप ऐसा आदमी नहीं खोज सकते कि जो एवरेज आदमी हो। सोलह आनेवाला मिलेगा, सत्रह आनेवाला मिलेगा, पौने सोलह आनेवाला मिलेगा, पैसेवाला मिलेगा, भूखा मिलेगा। ठीक एवरेज आदमी पूरे हिंदुस्तान में खोजने से नहीं मिलेगा। क्योंकि एवरेज गणित से निकली हुई बात है, आदमी की जिंदगी से नहीं। हम यहां इतने लोग बैठे हैं। हम सब की एवरेज उम्र निकाली जा सकती है। सब की उम्र जोड़ दी और सब आदमियों की गणना का भाग दे दिया। आ गया पंद्रह साल या सात साल या कुछ भी।

वह आदमी अपनी पत्नी और बच्चों के साथ जा रहा था। रास्ते में एक छोटा-सा नाला पड़ा। उसकी पत्नी ने कहा, नाले को जरा ठीक से देख लो, क्योंकि छोटे बच्चे हैं। पांच साल के बच्चे हैं। कोई डूब न जाए।

उसने कहा, ठहर, मैं बच्चों की एवरेज ऊंचाई नाप लेता हूं और नाले की एवरेज गहराई। अगर एवरेज गहराई से एवरेज बच्चा ऊंचा है तो बेफ्रिक होकर पार हो सकते हैं। उसने अपना फुट निकाला। फुट साथ रखा हुआ था। नाप लिया—बच्चे नाप लिए। एवरेज बच्चा, एवरेज गहराई से ऊंचा था। कोई बच्चा बिल्कुल छोटा था, कोई बच्चा बड़ा था और कहीं नाला बिल्कुल उथला था, और कहीं गहरा था। लेकिन वह एवरेज में नहीं आती बातें। गणित में नहीं आतीं। उसने कहा, बेफ्रिक रह, मैंने हिसाब बिल्कुल ठीक कर लिया है। रेत पर हिसाब लगा लिया।

आगे गणितज्ञ हो गया। बीच में उसके बच्चे हैं, पीछे पत्नी है। पत्नी थोड़ी डरी हुई है।

स्त्रियों का गणित पर कभी भरोसा नहीं रहा है। थोड़ा भय और नीचे भी कुछ गड़बड़ हुई जा रही है, क्योंकि नाले में कई जगह हरापन दिखायी पड़ता है। नाला कई जगह गहरा मालूम पड़ता है। उसने देखा कि उसका पति खुद कहीं बिल्कुल डूब गया है, और साथ एक छोटा बच्चा भी है।

वह सचेत है, लेकिन पति अकड़कर आगे चला जा रहा है। एक बच्चा

डूबने लगा। उसकी पत्नी ने चिल्लाकर कहा, देखिए बच्चा डूब रहा है ! आप समझते हैं ?

उस आदमी ने क्या किया, पुरुष ने क्या किया ? उसने कहा, यह हो ही नहीं सकता। क्योंकि गणित गलत कैसे हो सकता है ? बच्चे को बचाने की बजाय वह भाग कर नदी के उस तरफ गया, जहां उसने रेत पर गणित किया था ! पहले उसने गणित देखा, कि गणित कहीं गलत तो नहीं है। वह वहीं से चिल्लाया कि यह हो नहीं सकता गणित बिल्कुल ठीक है।

गणित की एक दिशा है, जहां जड़ नियम होते हैं। चीजें तौली, नापी जा सकती हैं।

अब तक पुरुष ने जो संस्कृति बनायी है, वह गणित की संस्कृति है। वहां नाप, जोख, तौल सब है। स्त्री का कोई हाथ इस संस्कृति में नहीं है। क्योंकि उसे समानता का कोई हक नहीं है। उसे कभी हमने पुकारा नहीं कि तुम आओ और तुम एक-दूसरे आयाम से प्रेम के आयाम से भी दान करो कि समाज कैसा हो।

स्त्री अगर सोचेगी तो और भाषा में सोचती है। और उसका सोचना भी हमसे बहुत भिन्न है। उसे हम सोचना भी नहीं कह सकते। भावना कह सकते हैं। पुरुष सोचता है, स्त्री भावना करती है। सोचना भी नहीं कह सकते, क्योंकि सोचना गणित की दुनिया का हिसाब है। और इसलिए पुरुष हमेशा हिसाब लगाता है। स्त्री हिसाब के आसपास चलती है। ठीक हिसाब नहीं लगा पाती। ठीक हिसाब नहीं है उसके पास।

लेकिन जिंदगी अकेला गणित नहीं है। जिंदगी बहुत बड़े अर्थों में प्रेम है जहां कोई हिसाब नहीं होता। जहां कोई गणित नहीं होता। जिंदगी बहुत बेबूझ है और इस जिंदगी को अगर हमने गणित की सीधी साफ रेखाओं पर निर्मित किया तो हम सीधी साफ रेखाएं बना लेंगे। लेकिन आदमी पुंछता चला जाएगा, मिटता चला जाएगा। और यही हो रहा है। रोज यह हो रहा है कि आदमी की जड़ें नीचे से कट रही हैं। क्योंकि हम जो इंतजाम कर रहे हैं, वह ऐसा इंतजाम है, जिसके ढांचे में जिंदगी नहीं पल सकती।

जैसे कि अगर समझ लें, मुझे एक फूल बहुत प्यारा लगे तो मैं एक तिजोरी में उसे बंद कर लूं। गणित यही कहेगा कि तिजोरी में बंद कर लो। ताला लगा दो जोर से। मुझे सूरज की रोशनी बहुत अच्छी लगे, एक पेटी में बंद कर लूं। अपने घर रखूं बांधकर। लेकिन, जिंदगी पेटियों में बंद नहीं होती—न गणित की पेटियों में, न साइंस की पेटियों में। कहीं बंद नहीं होती। जिंदगी बाहर छूट जाती है, एकदम छूट जाती है। मुट्ठी बांधी... अगर यहां हवा है और मैं मुट्ठी जोर से बांधूं और सोचूं कि हवा को हाथ के भीतर बंद कर लूं... तो मुट्ठी जितने जोर से बंधेगी हवा, उतनी हाथ से बाहर हो जाएगी।

जिंदगी बंधना मानती नहीं। जिंदगी एक तरलता और एक बहाव है। लेकिन हमारी, पुरुष की चिंतना की सारी जो कैटेगरिज़ हैं, पुरुष के सोचने का जो ढंग है, वह सब चीजों को बांधता है। व्यवस्थित बांध लेता है, हिसाब में बांध लेता है। अगर उससे पूछो कि मां का क्या मतलब है ? अगर ठीक पुरुष से पूछो कि मां का क्या मतलब है ? तो वह कहेगा, बच्चे पैदा करने की एक मशीन है ! और क्या हो सकता है ?

मैं एक वैज्ञानिक की किताब पढ़ रहा था। उस वैज्ञानिक से किसी ने पूछा, मुर्गी क्या है ? तो उस आदमी ने कहा, मुर्गी अंडे की तरकीब है, और अंडे पैदा करने के लिए। अंडे की तरकीब, और अंडे पैदा करने के लिए ! मुर्गी क्या है ? अंडे की तरकीब। और अंडे पैदा करने के लिए—और क्या हो सकता है ? गणित ऐसा सोचेगा—सोचेगा ही। गणित इससे भिन्न सोच भी नहीं सकता। विज्ञान इससे भिन्न सोच भी नहीं सकता।

विज्ञान आत्मा की गणना नहीं करता ! जीवन की गणना नहीं करता ! चीजों को काट लेता है। काटकर खोज कर लेता है। विश्लेषण कर लेता है। और विश्लेषण में जो जीवन था, वह एकदम खो जाता है।

पुरुष ने जो दुनिया बनायी है... वह पुरुष अधूरा है, अधूरी दुनिया बन गयी है। पुरुष अधूरा है, यह ध्यान रहे। और स्त्री के साथ बिना उसकी संस्कृति अधूरी होगी।

तो एक-एक घर में पुरुष एक-एक स्त्री को लाया है। एक-एक घर में तो पुरुष अकेला रहने को राजी नहीं है। स्त्री भी अकेले रहने को राजी नहीं है। चाहे कितनी कलह हो, स्त्री और पुरुष साथ रह रहे हैं!

लेकिन संस्कृति और सभ्यता की जहां दुनिया है, वहां स्त्री का बिल्कुल प्रवेश नहीं हुआ है। वहां पुरुष बिल्कुल अकेला है। पुरुषों के अकेले, अधूरेपन ने... पुरुष बिल्कुल अधूरा है, जैसे स्त्री अधूरी है। वे कांपलीमेंटरी हैं, दोनों को मिलाकर एक पूर्ण व्यक्तित्व बनता है।

लेकिन मनुष्य की संस्कृति अधूरी सिद्ध हो रही है। क्योंकि वह आधे पुरुष ने ही निर्मित की है। स्त्री से उसने कभी मांग नहीं की। स्त्री सब गड़बड़ कर देती है, अगर वह आए तो। अगर लेबोरेटरी में उसे ले जाओ तो बजाय इसके कि वह आपकी परखनली और आपके टैस्ट-ट्यूब में क्या हो रहा है यह देखे, हो सकता है टैस्ट-ट्यूब को रंग कर सुंदर बनाने की कोशिश करे। स्त्री को लेबोरेटरी में ले जाओ, गड़बड़ होनी शुरू हो जाएगी। या पुरुष को स्त्री की बगिया में ले जाओ तो भी गड़बड़ होनी शुरू हो जाएगी। इस गड़बड़ के डर से हमने कंपार्टमेंट बांट लिए हैं।

पुरुष की एक दुनिया बना दी है। स्त्री की एक अलग दुनिया बना दी है। और दोनों के बीच एक बड़ी दीवाल खड़ी कर ली है। और दीवाल खड़ी करके पुरुष अकड़ गया है और कहता है, मुझसे तुम्हारा मुकाबला क्या? तुम कुछ कर ही नहीं सकती। इसलिए घर में बंद रहो। तुमसे कुछ हो नहीं सकता। हम पुरुष ही कुछ कर सकते हैं। हम पुरुष श्रेष्ठ हैं। स्त्रियो, तुम्हारा काम है कि तुम बर्तन मलो, खाना बनाओ, बस इतना! इससे ज्यादा तुम्हारा कोई काम नहीं है। बच्चों को बड़ा करो! यह सब पुरुष ने स्त्री को एक दीवाल बना करके वहां सौंप दिया है और वह बाहर अकेला मालिक होकर बैठ गया है! सब तरफ पुरुष इकट्ठे हो गए हैं।

कल्चर की जहां दुनिया है, संस्कृति की, वहां पुरुष इकट्ठे हो गए हैं! स्त्रियां वर्जित हैं! स्त्रियां अस्पृश्य की, अनटचेबल की भांति बाहर कर दी गयी हैं!

मेरी दृष्टि में इसीलिए मनुष्य की सभ्यता अब तक सुख की और आनंद की सभ्यता नहीं बन सकी। अब तक मनुष्य की सभ्यता पूर्ण इंटीग्रेटेड नहीं बन सकी है। उसका आधा अंग बिल्कुल ही काट दिया गया है। इस आधे अंग को वापिस समान हक न मिले, इसे वापिस पूरा जीवन, पूरा अवसर, स्वतंत्रता न मिले तो मनुष्य का बहुत भविष्य नहीं माना जा सकता। मनुष्य का भविष्य एकदम अंधकारपूर्ण कहा जा सकता है।

स्त्री को लाना है। भेद हैं, भिन्नताएं हैं। भिन्नताएं आनंदपूर्ण हैं, भिन्नताएं दु:ख का कारण नहीं हैं। असमानता दु:ख का कारण हैं। और असमानता को हमने भिन्नता के आधार पर... असमानता को इतना मजबूत कर लिया है कि कल्पना के बाहर है, कि स्त्री और पुरुष मित्र हो सकते हैं। पुरुष को लगता ही नहीं कि स्त्री और मित्र ! मित्र नहीं हो सकती ! पत्नी हो सकती है ! पत्नी यानी दासी।

और जब वह चिट्ठी लिखती है कि आपकी चरणों की दासी तो पुरुष बड़ा प्रसन्न होता है पढ़कर। बहुत प्रसन्न होता है। ठीक पत्नी मिल गयी है। ऐसी ही पत्नी होनी चाहिए।

पुरुषों के ऋषि-मुनि समझाते हैं कि स्त्री परमात्मा माने पुरुष को ! पुरुष खुद ही समझा रहा है कि मुझे परमात्मा मानो !

और स्त्रियों के दिमाग को वह तीन हजार साल से कंडीशंड कर रहा है। और उनके दिमाग में यह प्रचार कर रहा है कि मुझे यह मानो !

पुरुषों ने किताबें लिखी हैं, जिसमें उन्होंने लिखा है कि स्त्री अगर कल्पना भी कर ले दूसरे पुरुष की, तो पापिन है ! और पुरुष अगर वेश्या के घर भी जाए तो पवित्र। स्त्री वही है, जो उसे कंधे पर बिठाकर वेश्या के घर पहुंचा दे !

मजेदार लोग हैं—बहुत मजेदार लोग हैं ! और हम... लेकिन यह स्वीकृत हो गया ! इसमें स्त्रियों को भी एतराज नहीं है... यह स्वीकृत हो गया है !

स्त्रियों को... इतने दिन से प्रोपेगंडा किया गया है उनकी खोपड़ी पर,

हेमरिंग की गयी है कि उन्होंने मान लिया है। बचपन से ही उन्हें नंबर दो की स्थिति स्वीकार करने के लिए मां-बाप तैयार करते हैं। वह नंबर एक नहीं है। वह नंबर दो है। इसकी स्वीकृति बचपन से उनके मन पर थोपी चली जाती है!

पूरी संस्कृति, पूरी व्यवस्था... कैसे यह छुटकारा हो, कैसे यह स्त्री पुरुष के समान खड़ी हो सके, बहुत कठिन मामला मालूम पड़ता है।

लेकिन दो-तीन सूत्र सुझाना चाहता हूं। इनके बिना शायद स्त्री पुरुष के समान खड़ी नहीं हो सकती। और ध्यान रहे, जब तक पूरी परिस्थिति नहीं बदलती है... पुरुष कितना ही कहे कि तुमको भी तो समान हक है वोट करने का, तुम समान हो। सब बातें ठीक हैं। असमानता क्या है? इससे कुछ हल नहीं होगा। स्त्री के नीचे होने में, उसके जीवन की गुलामी में, उसकी असमानता में कुछ कारण हैं। जैसे जब तक स्त्रियों की अपनी कोई आर्थिक स्थिति नहीं है, जब तक उनकी अपनी इकॉनामिक, अर्थगत, संपत्तिगत अपनी कोई स्थिति नहीं है, तब तक स्त्रियों की समानता बातचीत की बात होगी। गरीब-अमीर समान हैं। हम कहते हैं... हम कहते हैं, गरीब-अमीर समान हैं, बराबर वोट का हक है। सब ठीक है। लेकिन गरीब-अमीर समान कैसे हो सकता है? अमीरी और गरीबी इतनी बड़ी असमानता पैदा कर देती है।

और स्त्रियों से ज्यादा गरीब कोई भी नहीं है, क्योंकि हमने उनको बिल्कुल अपंग कर दिया है कमाने से। पैदा करने से अपंग कर दिया है। वे कुछ पैदा नहीं करतीं। न वे कुछ कमाती हैं। न वे जिंदगी में आकर बाहर कुछ काम करती हैं। घर के भीतर बंद कर दिया। उनकी गुलामी का मूल-सूत्र यह है कि वे जब तक आर्थिक रूप से बंधी हैं, तब तक वे समान हक में हो भी नहीं सकतीं।

और बुरा है यह। एकदम बुरा है क्योंकि स्त्रियां सब तरफ फैल जाएं, सब कामों में तो पुरुष के सब तरफ कामों में जो पुरुषपन आ गया है, सब शिथिल हो जाए। फर्क हम जानते हैं। फर्क बहुत स्पष्ट है। स्त्री के प्रवेश से ही एक और हवा हर दफ्तर में प्रविष्ट हो सकती है और हो ही जाती है।

एक क्लास, जहां लड़के ही लड़के पढ़ रहे हैं और पुरुष ही पढ़ा रहा है । एक और तरह की क्लास है । जहां चार लड़कियां भी आकर बैठ गयी हैं—क्लास की हवा में फर्क पड़ गया है, बुनियादी फर्क पड़ गया है । ज्यादा कोमल, ज्यादा सुगंध से भरी वह हवा हो गयी है । कम पुरुष, कम कठोर चीजें शिथिल हो गयी हैं और चीजें ज्यादा शिष्ट हो गयी हैं ।

स्त्री को जीवन के सब पहलुओं पर फैला देने की जरूरत है । ऐसा कोई काम नहीं है, जो कि स्त्रियां न कर सकती हों ।

रूस में स्त्रियों को सब काम करके बता दिया है । हवाई जहाज के पायलट होने से, छोटे-छोटे काम तक । स्त्री ने अंतरिक्ष में उड़कर भी बताया है । वह इस बात की खबर है कि स्त्रियां करीब-करीब सब काम कर सकती हैं ।

कुछ काम होंगे, जो एकदम मस्कुलर हैं । कुछ काम होंगे, अब तो नहीं रह गए । क्योंकि मस्ल का सब काम मशीन करने लगी है । पुराना जमाना गया । कोई शेर-वेर से लड़ने जाना नहीं पड़ता और गामा वगैरह बनना अब सब बेवकूफी हो गयी है । वह समझ की बातें नहीं हैं ।

अब तो मस्ल का काम मशीन ने कर दिया है, इसीलिए स्त्री को समान होने का पूरा मौका मिल गया है । मशीन बड़े से बड़ा काम कर देती है । बड़े से बड़ा पत्थर उठा देती है । बड़े से बड़े वजन को धक्का देती है । अब पुरुष को भी धकाना नहीं पड़ रहा है । अब कोई जरूरत नहीं है । अब स्त्री प्रत्येक काम में पुरुष के साथ खड़ी हो सकती है ।

और जैसे ही स्त्री जीवन के सब पहलुओं में प्रविष्ट कर जाएगी, सभी पहलुओं के वातावरण में बुनियादी फर्क पड़ेगा । और कुछ काम तो ऐसे हैं. . . अब यह हैरानी की बात है, ऐसा शायद ही कोई काम अब बचा है पुरुष के पास, जो स्त्री नहीं कर सकती ।

लेकिन कुछ काम ऐसे हैं, जो स्त्रियां ही कर सकती हैं और पुरुष नहीं कर सकते हैं । और उन कामों को भी पुरुष पकड़े हुए हैं । जैसे शिक्षक का काम है । शिक्षक के काम से पुरुष को हट जाना चाहिए । पुरुष शिक्षक हो ही नहीं

सकता। उसका डिक्टेटोरियल माइंड इतना ज्यादा है कि वह शिक्षक नहीं हो सकता है।

वह थोपने की कोशिश करता है। और वह जो भी मानता है, उसे थोपने की कोशिश करता है। वह कहता है, जो मैं कहता हूं, वह ठीक है। वह इल्डिंग नहीं है। वह झुक नहीं सकता। वह विनम्र नहीं हो सकता। ह्युमिलिटी नहीं है। हंबलनेस नहीं है। शिक्षक अगर जरा भी थोपने वाला है तो दूसरी तरफ के मस्तिष्क को बुनियादी रूप से नुकसान पहुंचाता है।

और नुकसान पहुंचाता है सारी मनुष्य जाति को। क्योंकि शिक्षक कैसे व्यवहार कर रहा है। निश्चित ही सारी दुनिया में शिक्षा का करीब-करीब सारा काम— करीब-करीब कहता हूं सारा काम स्त्रियों के हाथ में चला ही जाना चाहिए। यह बिल्कुल ही हितकर होगा। उचित होगा। महत्त्वपूर्ण होगा, क्योंकि शिक्षा तब एक रूखी-सूखी बात नहीं रह जाएगी। उसके साथ एक रस और एक पारिवारिक वातावरण जुड़ जाएगा और संबंधित हो जाएगा।

बहुत काम ऐसे हो सकते हैं, जो कि स्त्रियों को पूरी तरह उपलब्ध हो जाने चाहिए। और बहुत काम जो स्त्रियां कर सकती हैं, उन्हें सब तरफ से निमंत्रण मिलने चाहिए और बहुत दिशाएं, जो हमेशा से अधूरी पड़ी हुई हैं, जिनको कभी छुआ नहीं गया है, खोली जानी चाहिए। उन दिशाओं के दरवाजे तोड़े जाने चाहिए, ताकि एक और तरह की चिंतना—स्त्री की चिंतना, स्त्री की भावना, बिल्कुल और तरह की है।

उसमें कुछ डायनामिकली अपोजिट है। कुछ बुनियादी रूप से उल्टे तत्त्व हैं। वह ज्यादा इनटयूटिव है, इंटलेक्चुअल नहीं है। वह बहुत बुद्धि और तर्क की नहीं है, ज्यादा अंतर अनुभूति की है। मनुष्य अंतर अनुभूति से शून्य हो गया है, बिल्कुल शून्य है।

स्त्रियां अगर सब दिशाओं में फैल जाएं और जीवन घरों में बंद न रह जाए, क्योंकि घरों का काम इतना उबाने वाला है, इतना बोरिंग है, इतना बोर्डम से भरा हुआ है कि उसे तो मशीन के हाथ में धीरे-धीरे छोड़ देना चाहिए।

आदमी को करने की—न स्त्रियों को, न पुरुषों को—कोई जरूरत नहीं है। रोज सुबह वही काम, रोज दोपहर वही काम, रोज सांझ वही काम !

एक स्त्री चालीस-पचास वर्ष तक एक मशीन की तरह सुबह से सांझ, यंत्र की तरह घूमती रहती है और वही काम करती रहती है। और इसका परिणाम क्या होता है ? इसका परिणाम है कि मनुष्य के पूरे जीवन में विष घुल जाता है।

एक स्त्री जब चौबीस घंटे ऊब जाने वाला काम करती है। रोज बर्तन मलती है—वही बर्तन, वही मलना; वही रोटी, वही खाना; वही उठना, वही कपड़े धोना, वही बिस्तर लगाना, रोज एक चक्कर में सारा काम चलता है। थोड़े दिन में वह इस सबसे ऊब जाती है। लेकिन करना पड़ता है।

और जिस काम से कोई ऊब गया हो और करना पड़े तो उसका बदला वह किसी न किसी से लेगी। इसलिए स्त्रियां हर पुरुष से हर तरह का बदला ले रही हैं। हर तरह का बदला, पुरुष घर आया कि स्त्री तैयार है टूटने के लिए। इसलिए पुरुष घर के बाहर-बाहर घूमते फिरते हैं। क्लब बनाते हैं। सिनेमा जाते हैं, पच्चीस उपाय सोचते हैं। घर से बचने की सारी कोशिश करते हैं। जब नहीं बचते, तब घर पहुंचते हैं।

मैं शिक्षक था तो जिस युनिवर्सिटी में शिक्षक था, मैं हैरान हुआ। युनिवर्सिटी की क्लासेस मुश्किल से एक बजे शुरू होती थीं। लेकिन प्रोफेसर्स, मैं देखता कि 11 बजे ही आकर कामन रूम में बैठ जाते। युनिवर्सिटी क्लासेस चार बजे खत्म हो जातीं। मैं देखता कि पांच, साढ़े पांच बजे तक वे वहीं जमे हुए हैं ! मैंने उनसे पूछा, बात क्या है ? इतनी जल्दी क्यों आते हो, इतनी देर से क्यों लौटते हो ? उन्होंने कहा, जितनी देर घर के बाहर रह जाएं, उतनी ही शांति समझनी चाहिए। घर पहुंचे कि तैयारी है। और इस सबको, सारे पुरुषों को यह खयाल आता है कि स्त्रियों में कुछ गड़बड़ है, इससे वे कष्ट दे रही हैं !

नहीं, स्त्रियों का सारा काम बोर्डम का है। वह इतनी ऊब जाती है कि ऊब का बदला किससे लें; और आपके लिए वह ऊब रही हैं और आपके लिए

सारा काम कर रही हैं तो निश्चित ही आपसे बदला लिया जाने वाला है। अपने बच्चों को पीट रही हैं, उनसे बदला ले सकती हैं। पतियों से लड़ रही हैं, उनसे बदला ले रही हैं। और फिर एक व्हिशियस सर्किल शुरू होता है, जिसमें सब कलह और सब दुःख हो जाता है। नहीं, स्त्रियां तो जो भी काम घरों में कर रही हैं, वैज्ञानिक सुविधाएं उपलब्ध हो जाने पर वह सारा काम धीरे-धीरे यंत्रों के हाथ में चला जाना चाहिए।

और स्त्रियां बाहर जाएं। और निश्चित ही जितना वह बाहर आए उतना ही उनका मन विकसित होने के उपाय पाएगा। जितना बंद घेरे में कोई जिए, उतना छोटा मन, उतनी छोटी बुद्धि, उतनी सीमा हो जाती है। हम स्त्रियों को कहां जिलाते रहे हैं ? बंद घरों में ! अब तो थोड़ी-बहुत खिड़कियां हो गयी हैं, नहीं तो पुरुष खिड़कियां-बिड़कियां नहीं होने देता था।

खिड़की से कोई देख नहीं सकता था उसकी पत्नी को। पत्नी भी खिड़की से बाहर देख सकती है... और ऊबी हुई पत्नी देख ही सकती है। पड़ोस के ऊबे हुए लोग भी देख सकते हैं। खिड़कियां भी नहीं थीं ! उन स्त्रियों के ऊपर हमने काले कपड़े भी लादे हुए थे। चेहरा भी नहीं देखने देते थे।

टर्की में कमाल जब हुकूमत में आया तो उसने पहला नियम बनाया कि अब बुर्का ओढ़ना सबसे बड़ा अपराध है। और कोई स्त्री बुर्का ओढ़े सड़क पर दिखायी नहीं पड़ेगी। तो जबर्दस्ती बुर्के छीनने पड़े। क्योंकि स्त्रियां भी डरती थीं बुर्के छीनने में। वह जो बुर्के छिन गए तो लाखों स्त्रियों के चेहरे देखकर लोग हैरान हो गए। पतियों ने भी अपनी पत्नियों के चेहरे रोशनी में नहीं देखे थे।

रोशनी में स्त्री देखने के बाबत बड़ा विरोध रहा है। समझदार लोग बड़ा इंकार करते रहे हैं ! चेहरे पीले पड़ गए हैं, क्योंकि घर की बंद कोठरियों में जहां न हवा जाती है, न सूरज की किरणें जाती हैं, वहां वे बंद थीं। जानवरों की तरह, पशुओं की तरह हमने उन्हें अलग काट रखा था ! उनका पता नहीं चलता था—स्त्री का। आज भी कुछ मुल्कों में पता नहीं चलता, कुछ समाजों

में कि स्त्रियां भी हैं।

अगर चांद से कोई आदमी उतरे किसी के घर में, और बैठकखाने में जाए तो पता नहीं चलेगा कि इस घर में स्त्रियां भी हैं। स्त्रियां कहीं छिपी हैं दूर कोने में। उनके किचन, उनके दिन भर जीने की जगह को आप देखेंगे तो घबड़ा जाएंगे। अंधेरे में, धुएं में! रोशनी नहीं, हवा नहीं! और जब बाहर रोशनी हवा में निकले तो बुर्के हैं, पर्दे हैं! सब तरह से ढंकी हुई स्त्रियां! सब तरफ से बंद! बाहर भी कोठरी उसके साथ चल रही है, सड़क पर भी! वह कोठरी में ही बंद हैं।

स्वभावत: इसका परिणाम उनकी चेतना पर पड़ा होगा। मन पर पड़ा होगा। बुद्धि पर पड़ा होगा। शरीर पर पड़ा होगा। और ये ही स्त्रियां मनुष्य को जन्म देंगी। मनुष्य के जीवन को आगे बढ़ाएंगी। तो निश्चित ही इसका सारा परिणाम पूरी मनुष्यता पर पड़ने वाला है। नहीं स्त्रियों को बाहर. . . लेकिन पुरुष डरता है स्त्रियों को बाहर लाने में। डर उसका बहुत गहरा है।

सबसे बड़ा डर तो उसका मालकियत का डर है। क्योंकि पुरुष ने एक मालकियत बनाकर रखी है और वह मालकियत टूट सकती है। स्त्रियां बाहर आएं तो मालकियत टूट सकती है। स्त्रियां बाहर आएं तो उन्हें और पुरुष भी परमात्मा जैसे लग सकते हैं, अपने पुरुष को छोड़ कर। वह डर की बात है, वह घबड़ाने की बात है, इसलिए उन्हें बंद रखना ही जरूरी है। लेकिन इतना बल, इतनी जिल्लत, इतना ईर्ष्यालु, जो व्यवस्था है, वह हिंसक हो ही जाएगी। वह घबड़ाने वाली हो ही जाएगी।

और इसके परिणाम. . . अगर हम मनुष्य के मन को थोड़ा खोजें, उसके रोगों को खोजें, स्त्री या पुरुषों के तो हम हैरान हो जाएंगे। सौ में से पचहत्तर मानसिक रोग किसी न किसी सेक्सुअल जैलिसी से, कामुक ईर्ष्या से जुड़े हुए हैं और वह जो हमने व्यवस्था बनायी है, उसमें होना बिल्कुल अनिवार्य मालूम पड़ता है। यह सारा तोड़ देना आवश्यक है। यह पहली बात मैंने कही।

स्त्री की आर्थिक व्यवस्था उसके हाथ में होनी चाहिए।